Schönes Schleswig-Holstein
Beautiful Schleswig-Holstein
Splendide Schleswig-Holstein

Frank Jung/Hans Joachim Kürtz

Schönes Schleswig-Holstein

Beautiful Schleswig-Holstein

Splendide Schleswig-Holstein

Ellert & Richter Verlag

Die Deutsche Bibliothek – CIP-Einheitsaufnahme

Schönes Schleswig-Holstein = Beautiful Schleswig-Holstein /
Frank Jung (Text). Hans Joachim Kürtz (Fotos). – Hamburg,
Ellert und Richter, 2001
(Eine Bildreise)
ISBN 3-8319-0007-8

Text und Bildlegenden/Text and captions/Texte et légendes: Frank Jung, Schleswig
Übertragung ins Englische/English translation/Traduction anglaise:
Paul Bewicke, Hamburg
Übertragung ins Französische/
French translation/Traduction française:
Patricia Hiéramente, Hamburg
Gestaltung/Design/Maquette:
Büro Brückner + Partner, Bremen
Lithographie/Lithography/Lithographie:
KCS GmbH, Buchholz/Hamburg
Satz/Typesetting/Composition:
KCS GmbH, Buchholz/Hamburg
Druck/Printers/Impression:
Druckwerk GmbH, Peine
Bindung/Binding/Reliure: S. R. Büge, Celle

Titel/Cover/Couverture: Der Große Binnensee bei Hohwacht/The Großer Binnensee (Great Lake) near Hohwacht/Le Großer Binnensee (Grand Lac Intérieur) près de Hohwacht

Fotos/Photos/Photographies: Hans Joachim Kürtz, Kiel, außer S. 81: Walter Körber, Schleswig

Karte/Map/Carte géographique: © ADAC Verlag, München

Inhalt/Contents/Sommaire

Schleswig-Holstein:
Idyll zwischen Nord und Süd und jeder Menge Wasser

Die ‚heile Welt' gibt es nirgendwo, doch ihre Illusion findet zumindest in Schleswig-Holstein noch Nahrung." Wohl deshalb ist das nördlichste Bundesland dasjenige nach Bayern mit den zweitmeisten Touristen, und mancher Zugereiste hat die Idylle zu seiner neuen Heimat gemacht – wie Günter Kunert, Urheber des Zitats und einer der bedeutendsten Autoren der deutschen Gegenwartsliteratur. Mit seinem Umzug von Berlin in die Nähe der Elbmündung bei Itzehoe ist Kunert nicht der einzige Wahl-Schleswig-Holsteiner unter den Dichtern. Günter Grass lebt und arbeitet südlich von Lübeck, Siegfried Lenz verbringt die hellere Hälfte des Jahres zwischen Rendsburg und Schleswig, Deutschlands bekannteste Lyrikerin Sarah Kirsch hat sich hinter den Eiderdeich in Dithmarschen zurückgezogen, ihre Kollegin Doris Runge an die Küste Ostholsteins. Die Rolle als Kristallisationspunkt von Geistesgrößen paßt zur Geographie des Landes: Schleswig-Holstein liegt in der Bundesrepublik ganz oben, wo sich bekanntlich der Kopf befindet.

Von Berlin oder München aus betrachtet, mag Schleswig-Holsteins Position auf der Landkarte wie eine Randlage erscheinen – die einheimischen Nordlichter wissen es besser und sehen es so: Sie befinden sich in einer Spitzenposition, auf einer Art Aussichtsbalkon, von dem sich das Welttheater aus einer gewissen Distanz beobachten läßt. Das fördert die Ruhe, die Gelassenheit in der schleswig-holsteinischen Mentalität, und der weite Horizont und der hohe Himmel über der flachen Landschaft tun das ihre dazu. Hier haben die Menschen noch einigermaßen Zeit füreinander, ist der „Klönschnack" so etwas wie die Grundregel des zivilisierten Zusammenlebens: Die unverbindliche Plauderei hat im Alltag ihren festen Platz, und sei der Termindruck auch noch so groß. Die Zeit zum Innehalten nimmt man sich einfach.

Für den Eindruck von der heilen Welt ebenso bestimmend ist das äußere Erscheinungsbild: Die Städte und Dörfer der 2,7 Millionen Schleswig-Holsteiner sind kleiner als die Ortschaften anderswo. Das überläßt der Natur den dominierenden Part. Sie verteilt sich auf drei Landschaften, die Schleswig-Holstein in Nord-Süd-Richtung durchziehen: In der Mitte liegt die sandige Geest, nach dem Ende der vorletzten Eiszeit vor 125 000 Jahren aufgeschichtet aus Geröll, das die Gletscher aus Skandinavien mitgeschleppt hatten. Östlich davon hinterließ die letzte Eiszeit vor über 10 000 Jahren aus einer weiteren Ladung Import-Schutt das kuppenreiche, fruchtbare Hügelland. Im Westen entstanden aus Schlickablagerungen vor 4000 Jahren die ebenso flachen wie fetten Marschböden.

Die „Knicks", bepflanzte Wallhecken zum Windschutz des Viehs, gliedern die Landschaft auf eine so anmutige Weise, daß sie neben den agrarischen zugleich Augenweiden schaffen. Im Mai und Juni leuchtet überall das Gold des Nordens, wenn die Rapsblüte ihren spektakulären Farbenteppich ausbreitet. Und vor allem das allgegenwärtige Wasser macht Schleswig-Holstein anders als alle anderen Bundesländer. Nirgendwo sonst gibt es zwei Küsten auf einmal wie hier mit Ostsee (402 Kilometer) und Nordsee (468 Kilometer, das Ufer der fünf nordfriesischen Inseln mitgezählt). Als ob das der maritimen Besonderheiten noch nicht genug wäre, kann Schleswig-Holstein mit dem Fels-Eiland Helgoland knapp 60 Kilometer vor seiner Westküste auch noch Deutschlands einzige Hochseeinsel sein eigen nennen.

Kein weiteres Mal in Europa besteht eine so enge Nachbarschaft zweier Meere wie in Schleswig-Holstein, auch nicht im nördlich angrenzenden Dänemark: Dort wird der Abstand zwischen Nord- und Ostsee breiter; in Schleswig-Holstein hingegen sind es an der schmalsten Stelle zwischen Schleswig und Husum gerade mal 30 Kilometer von der einen bis zur anderen Küste. Wie kurz der Abstand ist, wußten schon die Wikinger, und deshalb haben sie über diese Taille der schleswig-holsteinisch-jütischen Halbinsel ihren Fernhandel von Ost nach West und umgekehrt geleitet. Als Verlade-Ort zwischen den Meeren gründeten sie um 800 an der Schlei, in etwa dort, wo heute die Stadt Schleswig liegt, die größte Handelsmetropole ihrer Zeit, Haithabu. Es war zugleich die erste Stadt Nordeuropas, in der zudem dessen erste Kirchenglocke erklang. Für die Skandinavier lag das Territorium, das heute Schleswig-Holstein heißt, schon immer mitten in Europa, war Brückenkopf zu den Zentren des Kontinents und Nabelschnur in materieller wie geistesgeschichtlicher Hinsicht. Da erschien es vorteilhaft, auch politisch mitzumischen, und so richtete der dänische König 1115 das Herzogtum Schleswig mit der gleichnamigen Stadt als Residenz seines Statthalters ein. Um das Machtgebaren aus Richtung Norden im

Schleswig-Holstein:
An idyllic state between north and south, and an abundance of water

No such thing exists as an ideal world without problems and uncertainties, but in Schleswig-Holstein, at least, its illusion is still nurtured." That is surely why Germany's northernmost federal state attracts the second-largest number of tourists after Bavaria, and why many newcomers have settled in this idyllic region. They include Günter Kunert, author of the above quotation and a leading figure in German contemporary literature. Kunert, who moved from Berlin to his new home near the Elbe estuary not far from Itzehoe, is not the only writer to have elected to live in Schleswig-Holstein. Günter Grass lives and works south of Lübeck, Siegfried Lenz spends the summers between Schleswig and Rendsburg, Germany's best-known poetess Sarah Kirsch has found a retreat behind the Eider dyke in Dithmarschen, while her fellow-poetess Doris Runge lives on the East Holstein coast. Schleswig-Holstein's role as a crystallisation point for intellectual giants is in keeping with the state's geographical location. It is right at the top of Germany, and that, as we know, is where the head is found.

Seen from Berlin or Munich, Schleswig-Holstein's position on the map may look peripheral, but local people know better. They see themselves as occupying a prime position, a kind of vantage point from which they can watch the goings-on in the world from a certain distance. That fosters the calmness and composure in the Schleswig-Holstein mentality, an attitude to which the broad horizon and vast expanses of sky above the flat landscape also contribute. Here, people still have time for each other, at least to some extent, and stopping for a "Klönschnack," or chat, seems like the fundamental rule of civilised coexistence. Inconsequential chit-chat has a firm place in everyday life, however great the pressure of time. People simply make time to pause for a moment.

Schleswig-Holstein's appearance plays an equally defining part in creating the impression of an ideal world. Towns and villages in this state of 2.7 million people are smaller than elsewhere, so nature is dominant. It spreads itself across three regions running through Schleswig-Holstein from north to south. In the centre is the sandy Geest, or heathland, formed by layers of boulders washed down from Scandinavia by glaciers after the end of the penultimate Ice Age, 125,000 years ago. To the east, a further con-

signment of imported rubble dating back to the most recent Ice Age, more than 10,000 years ago, left behind fertile, undulating countryside full of rounded hilltops. In the west, the flat, rich marshy soil owes its existence to silt deposited 4,000 years ago.
"Knicks," or boundary hedges with ditches and ramparts planted to shelter cattle from the wind, divide up the countryside so delightfully that as well as protecting pastures for cattle to feast on, they are a feast for the eyes in themselves. In May and June, the countryside glows with northern gold when the rape rolls out its spectacular carpet of flowers. But first and foremost, it is the omnipresence of water that distinguishes Schleswig-Holstein from all the other German states. No other region has two coastlines, the 402-kilometre Baltic Sea coast, and the North Sea coast stretching for 468 kilometres, including the perimeters of five offshore islands. As if they were not enough distinctive maritime features, Schleswig-Holstein also boasts Germany's only island in the open sea, rocky Helgoland, which lies just under 60 kilometres off its west coast.
Nowhere else in Europe are two seas as close to each other as in Schleswig-Holstein, not even in adjacent Denmark to the north, where the distance between the North Sea and the Baltic is greater. At Schleswig-Holstein's narrowest point between Schleswig and Husum, the distance from coast to coast is just 30 kilometres.
The Vikings knew that all those centuries ago, which is why they conducted their long-distance trade from east to west and vice-versa across this waist of the Schleswig-Holstein and Jutland peninsula. To serve as a loading base between the seas, in around 800 they founded the largest trading centre of their era on the Schlei, in roughly the place where the town of Schleswig now stands. It was also the first town in northern Europe, and where the region's first church bell rang. For the Scandinavians, the territory that is now Schleswig-Holstein was always in the middle of Europe. It was a bridgehead to the continental centres and a supply line for both materials and ideas. It therefore seemed advantageous to become politically involved, so in 1115 the king of Denmark established the duchy of Schleswig with the town of Schleswig as his governor's headquarters. To curb the expansion of power from the north, the Saxon

Il n'existe nulle part un monde intact mais l'illusion trouve encore dans le Schleswig-Holstein de quoi s'alimenter». C'est certainement pour cela que le Land le plus septentrional de l'Allemagne est celui qui enregistre, après la Bavière, le plus grand nombre de touristes et plus d'un nouveau venu a fait de ce pays de charme sa nouvelle patrie – Günter Kunert par exemple, auteur de cette citation et l'un des écrivains les plus importants de la littérature contemporaine allemande. En quittant Berlin pour s'installer à Itzehoe, à proximité de l'embouchure de l'Elbe, Kunert n'est pas le seul poète à avoir choisi le Schleswig-Holstein. Günter Grass vit et travaille au sud de Lübeck, Siegfried Lenz passe le plus clair de l'année entre Rendsbourg et Schleswig, Sarah Kirsch, poète lyrique la plus connue d'Allemagne, s'est retirée derrière la digue sur l'Eider en pays des Dithmarschen, sa collègue Doris Runge sur la côte du Holstein oriental. Le rôle que joue le Schleswig-Holstein en focalisant de grands esprits va de pair avec la géographie du pays: il est situé tout au nord de la République fédérale, là où, comme chacun sait, se trouve la tête.
Vue de Berlin ou de Munich, la position du Schleswig-Holstein sur la carte pourrait paraître plutôt excentrée; ceux qui en sont originaires sont plus compétents pour en parler et voient cela ainsi: ils sont aux commandes de l'Allemagne, sur une sorte de belvédère d'où ils peuvent regarder avec un certain recul le spectacle qu'offre le monde. Cette position renforce le tempérament calme et flegmatique des habitants du Schleswig-Holstein qui se voient confortés dans leur mentalité par l'infini de l'horizon où le ciel surplombe un plat pays. Ici, on prend encore un peu le temps de se parler et «faire la causette» est comme l'une des règles de base de la convivialité: un bavardage sans prétention a sa place dans le quotidien quelque pressé que l'on soit. On prend tout simplement le temps de s'arrêter.
L'aspect extérieur contribue tout autant à donner cette impression de monde intact: les villes et les villages des 2,7 millions d'habitants du Schleswig-Holstein sont plus petits qu'ailleurs, ce qui laisse à la nature la part dominante. Celle-ci se répartit en trois types de paysage qui divisent le Schleswig-Holstein en direction nord-sud. On trouve, au centre, la Geest sableuse, sédiments formés il y a 125 000 ans, après la fin de l'avant-dernière période glaciaire, d'éboulis entraînés par les glaciers de Scandinavie. La dernière période glaciaire a, à l'est, transformé il y a plus de 10 000 ans une autre cargaison de gravats importés en un pays de collines, fertile et mamelonné. A l'ouest, ces sont des sédiments de vase qui ont formé il y a 4 000 ans environ les sols aussi plats que gras de la Marsch.

Les «Knicks», ces haies plantées pour protéger le bétail du vent, organisent le paysage avec tant de charme que ce pays de bocage est un régal pour les bêtes mais aussi pour les yeux. C'est en mai et en juin que brille partout l'or du Nord lorsque le colza en pleine floraison étend son spectaculaire tapis coloré. Et c'est surtout l'eau omniprésente qui fait du Schleswig-Holstein un Land différent de tous les autres. Car on ne trouve nulle part ailleurs deux côtes dans un même temps comme c'est ici le cas avec la mer Baltique (402 kilomètres de côte) et la mer du Nord (468 kilomètres, y compris la côte des cinq îles). Et comme si cela n'était pas encore assez des particularités maritimes, le Schleswig-Holstein détient avec l'île rocheuse d'Héligoland, à tout juste 60 kilomètres de sa côte ouest, la seule île en haute mer de l'Allemagne.
Nulle part ailleurs en Europe, deux mers sont aussi proches l'une de l'autre que dans le Schleswig-Holstein, même pas chez son voisin du nord, le Danemark: l'écart entre mer du Nord et mer Baltique y est là plus important; dans le Schleswig-Holstein par contre, ce sont tout juste 30 kilomètres qui, entre Schleswig et Husum, sa partie la plus étroite, séparent ces deux mers.
Les Vikings eux savaient déjà que cet écart était faible et c'est pour cela qu'ils passaient par cette taille de la péninsule du Schleswig-Holstein et du Jylland pour faire leur commerce, la traversant d'est en ouest et vice-versa. Ils fondèrent vers l'an 800 sur les bords de la Schlei, à proximité de l'endroit où se trouve aujourd'hui la ville de Schleswig, la cité d'Haithabu, la plus grande métropole commerciale de l'époque: c'est là qu'ils chargeaient leurs marchandises. Et elle fut de surcroît, à la même période, la première ville d'Europe du Nord dans laquelle sonnèrent les premières cloches d'une église. Pour les Scandinaves, le territoire qui s'appelle aujourd'hui Schleswig-Holstein a toujours été au centre de l'Europe, constituait une tête de pont vers les centres du continent et une voie par laquelle venaient biens matériels et nouvelles idées. A cette époque, il semblait profitable d'avoir aussi son mot à dire sur le plan politique et c'est ainsi que le roi danois créa en 1115 le duché de Schleswig avec la ville du même nom comme résidence de son gouverneur. Pour mettre un frein aux ambitions venant du Nord, le duc saxon Lothar von Supplin-

Zaum zu halten, setzte der sächsische Herzog Lothar von Supplinburg dem dänischen Vorposten die Grafschaft Holstein südlich der Eider entgegen. Die beiden Sphären, die Vermischung deutscher und dänischer Einflüsse, sind bis heute im Wappen Schleswig-Holsteins lebendig, das jeder auf Schildern sieht, der über eine der Hauptverkehrsstraßen aus Richtung Norden oder Süden einreist. Zwei blaue Löwen auf gelbem Grund neben einem weißen Nesselblatt inmitten einer roten Fläche bilden das Symbol. Die Raubtiere stellen eine abgespeckte Version des dänischen Staatswappens mit seinen drei Löwen dar und stehen für das einst königlich-dänische Lehen Herzogtum Schleswig. Das botanische Konterfei in der anderen Wappenhälfte ist, im modernen Sprachgebrauch, das „Logo" des südlichen Landesteils Holstein, einst ein deutsches Lehen. Schon seit dem 15. August 1386 sind beide Zeichen miteinander in einer Darstellung vereint. Dieser Tag kann als Fundament des Bindestrich-Landes gelten, denn da sprach die dänische Königin Margarete I. das Herzogtum Schleswig dem holsteinischen Grafen Gerhard VI. zu.

Daß Schleswig und Holstein „op ewig ungedeelt", „auf ewig ungeteilt", sein sollten, wurde erst 74 Jahre später vereinbart. In Ripen, der heute dänischen Westküstenstadt Ribe, erklärten sich die Ritter, Geistlichen und Vertreter der Städte aus Schleswig und Holstein 1460 bereit, den dänischen König Christian I. als obersten Landesherrn anzuerkennen, nachdem sich dieser im Gegenzug für die Unteilbarkeit Schleswigs und Holsteins verbürgt hatte. Daran war der Ritterschaft so gelegen, weil mehrere holsteinische Adelsgeschlechter Landbesitz in Schleswig erworben hatten. Das wollte man von seinen Stammlanden natürlich nie wieder politisch getrennt wissen. Abgemacht ist abgemacht im Norden – der Zusammenschluß hält bis heute, verkleinert allein um den nördlichen Teil Schleswigs oberhalb von Flensburg, der 1920 in Dänemark aufgegangen ist.

An vorherigen Zerreißproben herrschte in der Landesgeschichte kein Mangel. War es bis ins 19. Jahrhundert hinein als normal empfunden worden, daß seine deutsch-dänische Multi-Kulti-Gesellschaft die Territorien zwischen den Meeren unter staatsrechtlicher Oberaufsicht Kopenhagens bevölkerte, setzte der Nationalismus dem ein Ende. Die überwiegend deutschen Bewohner Holsteins und Schleswigs wollten lieber einen eigenen Staat in Anlehnung an den Deutschen Bund bilden; die dänisch Gesinnten und Kopenhagen wollten die Bindung an den Norden festigen. Weil diese Ideen unversöhnlich aufeinanderprallten, sollten die Waffen entscheiden und über 6000 Soldaten am 24. und 25. Juli 1850 in der Schlacht bei Idstedt nördlich von Schleswig ihr Leben lassen. Dort siegte Dänemark über die kleinere Armee einer provisorischen schleswig-holsteinischen Staatsmacht. Der Zwang zur dänischen Sprache in Kirche und Schule auch im mittleren Schleswig sowie ein fast völliger Austausch der Beamtenschaft machten Dänemark bei der Bevölkerungsmehrheit aber erst recht unbeliebt. Um so größer fiel deren Jubel aus, als Preußen und Österreich 1864 in der Schlacht von Düppel an der Flensburger Förde Dänemark bezwangen. Doch der Freudentaumel wurde deutlich leiser, als sich herausstellte, daß Otto von Bismarck kein selbständiges Schleswig-Holstein im Sinn hatte, sondern es Preußen 1867 angliederte – sozusagen als Aufwärmtraining zur

Eine Sinfonie in Gelb: Ostholstein zur Zeit der Rapsblüte mit heckenartigen „Knicks" – bepflanzten Trennwällen zwischen Feldern und Weiden

A symphony in yellow: East Holstein at rape-blossom time with its "Knicks," or hedgerows, separating fields and meadows

Une symphonie en jaune: le Holstein oriental lorsque fleurit le colza avec ses «Knicks» qui ressemblent à des haies – remparts de verdure entre champs et prairies

Duke Lothar of Supplinburg established the county of Holstein south of the Eider as a counterweight to the Danish outpost. These

two areas and the mixture of German and Danish influence live on in Schleswig-Holstein's coat of arms, as seen by everyone entering the state on one of the main roads from north or south. It comprises blue lions on a yellow background together with a white nettle leaf amidst an area of red. The lions are a trimmed-down version of the Danish coat of arms with its three lions and symbolise the duchy of Schleswig, the erstwhile fief of the king of Denmark. The nettle leaf in the other half of the coat of arms is, we would say nowadays, the logo of the southern part of the state, Holstein, once a German fief. The two symbols have been united since 15 August 1386, which

burg, opposa à cet avant-poste danois le comté de Holstein au sud de l'Eider. Les deux sphères, le mélange de l'influence allemande et danoise, sont encore vivants aujourd'hui dans les armoiries du Schleswig-Holstein que quiconque peut voir qui arrive par l'une des routes principales, que ce soit du nord ou du sud. L'emblème se compose de deux lions bleus sur fond jaune à côté d'une feuille d'ortie blanche sur surface rouge. Les lions sont une version allégée des armoiries de l'Etat danois - composées elles de trois lions - et représentent l'ancien fief de la couronne danoise, le duché de Schleswig. L'image botanique dans la deuxième moitié du blason est ce qu'on appellerait dans la langue moderne le «logo» de la partie sud du Holstein, autrefois fief allemand. Ces deux symboles existent déjà conjointement depuis le 15 août 1386. C'est ce jour là que furent posés, en quelque sorte, les fondements de ce Land à trait d'union puisque c'est à cette date que la reine Marguerite Ire accorda le duché de Schleswig à Gerhard VI, comte de Holstein.

Ce n'est que 74 ans plus tard qu'il fut décidé que le Schleswig et le Holstein devaient être «op ewig ungedeelt» (inséparables pour l'éternité). C'est en 1460 à Ripen – qui correspond aujourd'hui à la ville danoise de Ribe sur la côte ouest – que chevaliers, ecclésiastiques et représentants des villes de Schleswig et Holstein se déclarèrent prêts à reconnaître comme leur souverain le roi danois Christian Ier qui se portait garant en contrepartie de l'indivisibilité du Schleswig et du Holstein. La chevalerie y tenait beaucoup car plusieurs familles de la noblesse du Holstein avaient acquis des terres dans le Schleswig. On ne voulait pas se voir un jour

séparé de nouveau politiquement de ses terres d'origine. Dans le Nord, chose promise est chose due – cette union existe encore aujourd'hui, à l'exception de la partie nord due Schleswig, au dessus de Flensbourg, rendu au Danemark en 1920.

Dans l'histoire de cette région, les épreuves de vérité n'ont pas manqué. Si personne ne voyait d'inconvénient, jusqu'au milieu du 19ème siècle, à ce que les territoires entre les mers soient peuplés par une société germano-danoise multiculturelle sous la haute surveillance de Copenhague, le nationalisme y mit fin. Les habitants du Holstein et du Schleswig qui étaient allemands dans leur plus grande majorité préféraient former leur propre état en référence à la Confédération germanique; ceux qui étaient pour le Danois et pour Copenhague voulaient renforcer leurs attaches nordiques. Et parce que ces idées étaient inconciliables les unes avec les autres, ce sont les armes qui durent en décider et faire perdre ainsi la vie à plus de 6 000

Raps als Biodiesel oder Brotaufstrich – die Verarbeitungsmöglichkeiten sind vielfältig.

Rape can be processed into a variety of products, including "bio-diesel oil" and a spread for bread.

Carburant biologique ou pâte végétale – les possibilités de transformation du colza sont variées.

folgenden Herstellung der deutschen Einheit unter Preußens Führung. 80 Kilometer über Flensburg hinaus in Richtung Norden war alles preußisch, denn bis dorthin erstreckte sich das historische Herzogtum Schleswig. Den heutigen Verlauf erhielt die deutsch-dänische Grenze erst 1920 in einer Volksabstimmung. Der Urnengang wurde im Versailler Friedensvertrag nach der deutschen Niederlage im Ersten Weltkrieg beschlossen. An dessen Schlachten hatte Dänemark gar nicht teilgenommen, und so wird in der dänischen Geschichtsschreibung bis heute süffisant herausgestellt, daß das Königreich dem Krieg gleichwohl einen Territorialgewinn verdankt. Nach dem Zweiten Weltkrieg fehlte nicht viel, und die Grenze wäre noch weiter nach Süden, bis an die Eider, verschoben worden. Die dänische Minderheit erlebte im nördlichen Schleswig-Holstein ab 1945 einen so erdrutschartigen Zulauf, daß sie über Nacht die Mehrheit stellte. Zu verlockend wirkte auf viele Grenzlandbewohner die Perspektive, nach dem deutschen Fiasko das nationale Hemd zu wechseln. Außerdem war das Konvertieren von deutsch zu dänisch ein probates Mittel gegen den Hunger – wer sich zum „Mutterland“ im Norden bekannte, erhielt Lebensmittelpakete sowie Schulspeisungen und Ferienplätze für die Kinder. Die dänische Volksgruppe südlich der Grenze und mehrere Parteien in Dänemark wollten die Gunst der Stunde nutzen und mit den Engländern, der Besatzungsmacht in Schleswig-Holstein, über eine Abtretung des nördlichen Landesteils verhandeln. Doch die Briten hatten an der Beständigkeit des plötzli-

Deutschlands einzige Hochseeinsel: der Felsen Helgoland in der Nordsee, 60 Kilometer vor der Westküste Schleswig-Holsteins

Germany's only island in the open sea: Heligoland, a rock in the North Sea, 60 kilometres off the west coast of Schleswig-Holstein

Seule île de grand large de l'Allemagne: le rocher d'Héligoland dans la mer du Nord, à 60 kilomètres au large de la côte ouest du Schleswig-Holstein

can be regarded as marking the origin of the double-barrelled state, for that was when Queen Margarete I of Denmark granted the duchy of Schleswig to Count Gerhard VI of Holstein.

Not until 74 years later, however, was it agreed that Schleswig and Holstein would remain "undivided in perpetuity." In Ripen, now the town of Ribe on the west coast of Denmark, the knights, clerics and representatives of the towns of Schleswig and Holstein in 1460 agreed to recognise King Christian I of Denmark as their supreme ruler after he had vouched in return that Schleswig and Holstein were indivisible. The reason the knights were so keen on this was that several aristocratic Holstein families had acquired landed estates in Schleswig

and naturally did not want them to be politically separated from their ancestral homelands. In the north, a deal is a deal, and the union survives to this day, apart from the northern part of Schleswig above Flensburg, which became part of Denmark in 1920.
Before that, there was no lack of bitter disputes in the state's history. Until the 19th century, it was considered normal for a German-Danish multicultural society to populate the territories between the seas under

Eine rekordverdächtige Dichte an verträumten Ecken bietet die Schlei.

The Schlei boasts what must be a record number of idyllic spots.

Les rives de la Schlei offrent un nombre presque record de coins très charmants.

soldats les 24 et 25 juillet 1850 dans la bataille d'Idstedt, au nord de Schleswig. Le Danemark vainquit l'armée plus petite du gouvernement provisoire du Schleswig-Holstein. Mais l'obligation de parler danois à l'église et à l'école – même dans le Schleswig du centre – et un échange presque total de tous les fonctionnaires rendit le Danemark encore plus impopulaire parmi la plus grande partie de la population. L'allégresse fut d'autant plus grande lorsque la Prusse et l'Autriche triomphèrent du Danemark en 1864 dans la bataille de Düppel sur la baie de Flensbourg. Mais cet enthousiasme se calma assez vite lorsqu'il s'avéra qu'Otto von Bismarck ne pensait pas à former un Schleswig-Holstein indépendant mais qu'il l'annexa au contraire à la Prusse en 1867 – en quelque sorte comme un exercice d'échauffement à sa politique d'annexion pour la réalisation de l'unité allemande sous la conduite de la Prusse. A 80 kilomètres au-delà de Flensbourg, sur la route du nord, tout était prussien car c'est jusque là que s'étendait l'historique duché de Schleswig. Le tracé actuel de la frontière germano-danoise ne fut établi qu'en 1920 suite à un plébiscite. Ce référendum était l'une des clauses du traité de Versailles après la défaite allemande de la Première Guerre Mondiale. Le Danemark n'avait pas participé à ses batailles ce qui explique que les historiographes danois précisent jusqu'à nos jours, avec un pointe d'ironie, que le royaume doit néanmoins à la guerre un gain de territoire. Après la Seconde Guerre Mondiale, il s'en est fallu de peu que la frontière soit reportée encore plus vers le Sud, jusqu'à l'Eider. La minorité danoise connut à partir de 1945 dans le nord du Schleswig-Holstein une telle affluence qu'elle représenta du jour au lendemain la majorité. Bien trop tentante était pour nombre de frontaliers la perspective de pouvoir changer de chemise après le fiasco allemand. La conversion de l'allemand au danois re-

chen Dänentums ebenso ihre Zweifel wie die Regierung in Kopenhagen, und als die Wirtschaft wenige Jahre später wieder Tritt faßte, waren die Irrungen und Wirrungen denn auch tatsächlich wieder vergessen. Aus der dänischen Volksgruppe südlich der Grenze wurde wieder eine Minderheit, und ebenso wie ihr deutsches Pendant in Dänemark wird sie heute überwiegend als kulturelle Bereicherung empfunden.

Auch wenn die blau-weiß-rote Schleswig-Holstein-Flagge im ständig wehenden Wind flattert, denken heute nur noch die allerwenigsten daran, daß die Farbkombination dem Nationalitätenkonflikt von gestern entsprungen ist. Anfangs wurde Blau-Weiß-Rot als Rebellion gegen die dänische Herrschaft gezeigt. In Anlehnung an die Farben aus dem Schleswig-Holstein-Wappen kam die Auswahl der Kolorierung zustande und wurde am 24. Juli 1844 in der Stadt Schleswig bei der größten Zusammenkunft der schleswig-holsteinischen Autonomiebewegung zur Schau gestellt. Die Provokation gegen die Reichsgemeinschaft verbat sich Kopenhagen, und so drängten die Behörden das Symbol schleswig-holsteinischer Eigenstaatlichkeit in den Untergrund ab. Die Preußen konnten das Autonomie-Symbol nach der Einverleibung Schleswig-Holsteins in ihr Königreich ebensowenig gebrauchen, und erst als Schleswig-Holstein nach Auflösung Preußens am 25. Februar 1947 ein eigenständiges Bundesland geworden war, wurde Blau-Weiß-Rot erlaubt. Seitdem hat Schleswig-Holstein vielfältige vorübergehend eingestürzte Brücken gen Norden wiederaufgebaut, ob wirtschaftlich, kulturell oder politisch. Das gilt nicht nur für Dänemark, sondern für die anderen skandinavischen Länder gleichermaßen. Auch zum südlichen Ostseeraum stehen die Türen nach dem Fall des Eisernen Vorhangs wieder offen, und so wird es vielleicht gar nicht mehr lange dauern, bis sich die Schleswig-Holsteiner beinahe wie der Nabel der Welt fühlen.

Die Beschaulichkeit täuscht: Im Salzwiesenbiotop Godelniederung bei Witsum auf der Nordseeinsel Föhr lebt eine Vielfalt seltener Tier- und Pflanzenarten.

The tranquillity is deceptive. Many rare animal and plant species live in the Godelniederung salt-meadow biotope near Witsum on the North Sea island of Föhr.

Le calme est trompeur: une grande variété de plantes et d'animaux rares vivent dans le biotope des pré-salés de Godelniederung près de Witsum sur l'île de Föhr, dans la mer du Nord.

the Danish crown, but nationalism put a stop to that. The German-speaking majority in Holstein and Schleswig wanted to form their own state, in imitation of the German Confederation, while the pro-Danish minority and the government in Copenhagen were keen to consolidate ties with the north. These ideas clashed irreconcilably, and so the issue was decided by force of arms. More than 6,000 soldiers lost their lives on 24 and 25 July 1850 in the Battle of Idstedt north of Schleswig, in which Denmark defeated the smaller army of the provisional Schleswig-Holstein state. It forced people to use Danish in churches and schools, even in central areas of Schleswig, and replaced almost the entire civil service, which made Denmark even more unpopular with the majority of people. All the greater was their jubilation when Prussia and Austria defeated Denmark in 1864 at the Battle of Düppel on the Flensburg Firth. But their cries of jubilation were considerably muted when it turned out that what Otto von Bismarck had in mind was not an independent Schleswig-Holstein. In 1867, he annexed it to Prussia, as a kind of warm-up for his subsequent unification of Germany under Prussian leadership. The whole area for 80 kilometres north of Flensburg was Prussian, up to the boundary of the historic duchy of Schleswig. The present German-Danish border was established as recently as 1920 after a referendum stipulated by the Treaty of Versailles after Germany's defeat in World War I, a war in which Denmark had not even fought. Still now, Danish history books like to emphasise that, even without taking part, the kingdom has the war to thank for a territorial gain. After World War II, it would not have taken a great deal for the border to be shifted even further south, to the Eider. From 1945, the Danish minority in northern Schleswig-Holstein multiplied at such a rate that it became the majority, almost overnight. For many residents of the border areas, the prospect of changing their national colours after the German fiasco was all too tempting. Besides, converting from German to Danish was an effective way of combating hunger: those who swore allegiance to the "motherland" in the north received food parcels, school meals and holiday places for their children. Ethnic Danes

south of the border and several political parties in Denmark wanted to take advantage of the favourable situation to negotiate with the British occupying power in Schleswig-Holstein on ceding the northernmost part of the state. But both the British and Danish governments had their doubts as to whether this sudden Danish-ness would last, and when the German economy started to pick up a few years later, these aberrations were indeed forgotten. The ethnic Danes south of the border became a minority once more and, like their ethnic German counterparts in Denmark, are nowadays seen as a cultural enrichment.
Though the blue, white and red Schleswig-Holstein flag flutters in the constant wind, nowadays very few people recall that this combination of colours has its origins in the national conflicts of yesteryear. In the beginning, the blue, white and red standard was waved in rebellion against Danish rule. The colours chosen were based on the Schleswig-Holstein coat of arms, and were displayed in the town of Schleswig on 24 July 1844, at the largest gathering of the movement for Schleswig-Holstein autonomy. Denmark was not going to put up with this provocation aimed against its rule, and so the authorities forced the symbol of Schleswig-Holstein's independence underground. After incorporating Schleswig-Holstein into their kingdom, the Prussians were no keener on this symbol of autonomy either, and not until Prussia was broken up and Schleswig-Holstein became an independent federal state on 25 February 1947 was the blue, white and red flag legally permitted. Since then, Schleswig-Holstein has rebuilt many economic, cultural or political bridges to the north after their temporary collapse, not just with Denmark, but with the other Scandinavian countries as well. After the fall of the Iron Curtain, the door to the southern Baltic region has also reopened, so it might not be so long before Schleswig-Holsteiners feel almost like the hub of the world.

présentait par ailleurs un moyen éprouvé contre la faim – toute personne qui se réclamait de la «mère patrie», obtenait des paquets de ravitaillement ainsi que des places à la cantine et dans une colonie de vacances pour ses enfants. Le groupe ethnique danois vivant au sud de la frontière et plusieurs partis danois voulaient saisir l'occasion pour négocier avec les Anglais, la force d'occupation du Schleswig-Holstein, une cession de la partie nord du pays. Mais les Anglais, tout comme le gouvernement de Copenhague, avaient des doutes quant à la constance de ce sentiment d'appartenance danoise et lorsque l'économie, quelques années plus tard, se remit en selle, ces égarements et confusions furent effectivement bien vite oubliés. Le groupe ethnique danois vivant au sud de la frontière redevint une minorité qui est considérée aujourd'hui, de même que son pendant allemand au Danemark, comme un enrichissement culturel.
Même si le drapeau bleu blanc rouge du Schleswig-Holstein flotte au gré d'un vent omniprésent, très rares sont ceux qui pensent aujourd'hui encore que la combinaison des couleurs est le fruit des conflits de nationalités de jadis. Bleu, blanc, rouge était à l'origine un signe de rébellion contre la domination danoise. Le choix de ces couleurs est né en référence aux couleurs des armoiries du Schleswig-Holstein et elles furent exhibées le 24 juillet 1844 dans la ville de Schleswig lors du plus grand rassemblement qui n'ait jamais eu lieu en faveur de l'autonomie du Schleswig-Holstein. Copenhague n'accepta pas cette provocation envers le royaume et les autorités enfouirent donc dans la clandestinité ce symbole de l'indépendance du Schleswig-Holstein. Après l'annexion du Schleswig-Holstein, les Prussiens n'eurent pas eux non plus besoin de ce symbole d'autonomie et ce n'est que lorsque le Schleswig-Holstein devint un Land indépendant de l'Allemagne, après la dissolution de la Prusse le 25 février 1947, que le bleu blanc rouge fut autorisé. Depuis, le Schleswig-Holstein a rétabli les ponts divers, coupés dans l'intervalle, avec le Nord, qu'ils soient économiques, culturels ou politiques. Ceci ne vaut pas que pour le Danemark mais dans une même mesure pour les autres pays scandinaves. Après la levée du rideau de fer, la région sud de la Baltique a elle aussi réouvert ses portes et il ne faudra peut-être plus attendre très longtemps pour que les habitants du Schleswig-Holstein aient le sentiment d'être presque le nombril du monde.

Blau-Weiß-Rot: Bei Ausflügen trifft man die Landesflagge Schleswig-Holsteins auf Schritt und Tritt – zum Beispiel neben der Windmühle von Farve bei Oldenburg in Ostholstein.

Blue, white and red: On outings, you come across Schleswig-Holstein's state flag at every turn, for example here at Farve Windmill near Oldenburg in East Holstein.

Bleu-blanc-rouge: on retrouve constamment en se promenant le drapeau du Schleswig-Holstein – comme par exemple à côté du moulin à vent de Farve près d'Oldenbourg dans le Holstein oriental.

Weite und Licht: Schleswig-Holstein bietet Platz zum Durchatmen, zum Beispiel an der dünenreichen Westküste der Insel Sylt. So warm wie am Mittelmeer ist es nicht, aber der Schutz der Strandkörbe erlaubt Sonnenbaden trotz einer meist frischen Brise. Hinter den Dünen beginnt der berühmte Badeort Kampen: Er besteht durchweg aus reetgedeckten Häusern und ist das Dorf mit der höchsten Prominentendichte in Deutschland.

Wide open space and light: Schleswig-Holstein provides space to take a deep breath, for example on the dune-rich west coast of the island of Sylt. It is not as hot as the Mediterranean but the basket chairs afford sufficient protection for sunbathing, despite what is often a fresh breeze. Behind the dunes is the famous seaside resort of Kampen. It consists entirely of thatched houses and boasts more celebrities per square kilometre than anywhere else in Germany.

Espace et lumière: dans le Schleswig-Holstein, on a de la place pour respirer, par exemple sur la côte ouest de l'île de Sylt avec ses nombreuses dunes. Ici, il ne fait pas aussi chaud qu'en bordure de Méditerranée mais les corbeilles d'osier permettent de prendre un bain de soleil malgré une brise toujours fraîche. C'est derrière les dunes que commence la célèbre station balnéaire de Kampen: elle est entièrement composée de maisons aux toits de chaume et est le village d'Allemagne où séjourne le grand nombre de personnalités.

Nicht wirklich Land, nicht wirklich Meer: Alle zwölf Stunden läßt die Ebbe das Watt vor der schleswig-holsteinischen Westküste trocken fallen, dazwischen setzt es die Flut mit derselben Regelmäßigkeit unter Wasser. Bis zu drei Meter Unterschied bedeuten die Gezeiten für den Pegel der Nordsee.

Not really land, and not really sea: Every 12 hours the low tide drains the mudflats off Schleswig-Holstein's west coast, and the high tide submerges them again with equal regularity. The tides make up to three metres difference in the level of the North Sea.

Ni vraiment terre, ni vraiment mer: sur la côte ouest du Schleswig-Holstein, la marée retire toutes les douze heures l'eau de l'estran vaseux du Watt pour le recouvrir tout aussi régulièrement dans l'intervalle. Les marées font varier de trois mètres le niveau de la mer du Nord.

Schleswig-Holstein von höchster Stelle aus betrachtet: Aus 168 Meter Höhe schweift der Blick vom Bungsberg über Ostholstein. Der Gipfel ist die stattlichste Erhebung des nördlichsten Bundeslands. Gemessen am Rest ihrer Heimat, besitzt der Bungsberg aus Sicht der Schleswig-Holsteiner mehr oder weniger alpine Maße, und so haben sie seine Nachbarschaft denn gleich „Holsteinische Schweiz" getauft. Der viele Wald zu Füßen des Bungsbergs ist eine Besonderheit für Schleswig-Holstein – insgesamt betrachtet, ist es das Flächen-Bundesland mit der niedrigsten Walddichte.

Schleswig-Holstein seen from its highest point: From the 168-metre Bungsberg the gaze roams across East Holstein. This hilltop is the northernmost German state's most imposing elevation. Compared with the rest of their home state, for Schleswig-Holsteiners the Bungsberg has almost alpine proportions, so they have named its surroundings "Holstein Switzerland." The extensive forest at the foot of the Bungsberg is exceptional for Schleswig-Holstein, which has the lowest overall forest density of any German state.

Le Schleswig-Holstein vu de son point culminant: du haut des 168 mètres du mont Bungsberg, le regard vagabonde sur le Holstein oriental. Ce sommet est le plus imposant de tout le land le plus au nord de l'Allemagne. Le Bungsberg a pour les habitants du Schleswig-Holstein, comparé au reste de leur pays, des dimensions plus ou moins alpines et c'est donc pour cela qu'ils ont baptisé le pays alentour la «Suisse du Holstein» (Holsteinische Schweiz). L'importante forêt qui s'étend au pied du Bungsberg est une particularité du Schleswig-Holstein – considéré dans son ensemble, ce land étendu est celui qui a la plus faible densité en forêts.

Zeuge einer reichen Adelskultur: Das Herrenhaus Wotersen im Kreis Herzogtum Lauenburg, ganz im Süden Schleswig-Holsteins, erreicht fast die Ausmaße eines Schlosses. Die Dreiflügel-Anlage von 1736 gilt als ein Hauptwerk des norddeutschen Spätbarock und zugleich als eine der bekanntesten Fernsehkulissen der Bundesrepublik: Das Zweite Deutsche Fernsehen drehte auf Wotersen die Erfolgsserie „Das Erbe der Guldenburgs".

Testimony to a rich aristocratic culture: Wotersen Manor, in the Duchy of Lauenburg district in Schleswig-Holstein's deep south, has palatial dimensions. The three-winged complex, dating from 1736, is regarded as one of the finest examples of North German Baroque architecture. It is also one of Germany's best-known TV show backdrops. Zweites Deutsches Fernsehen (ZDF) filmed its popular series "Das Erbe der Guldenburgs" (The Guldenburg Legacy) at Wotersen.

Témoin d'une riche culture aristocratique: la demeure seigneuriale de Wotersen dans le canton du duché de Lauenbourg, tout au sud du Schleswig-Holstein, atteint des proportions semblables à celles d'un château. Les trois ailes du bâtiment qui datent de 1736 sont considérées comme l'une des œuvres principales du baroque de l'Allemagne du Nord et sont aussi l'une des coulisses les plus connues de l'Allemagne: la deuxième chaîne de télévision allemande a tourné à Wotersen la série très connue «La dynastie des Guldenburg».

Der Norden im goldenen Gewand: Im Mai und Juni verwandelt die Raps-Blüte Schleswig-Holstein in ein Meer rauschender Farbe. Ob als Bio-Diesel oder Grundstoff für Margarine – die schillernde Ackerfrucht findet vielfältige Verwendung. Obendrein erweist sich die Pflanze nicht nur als industrieller, sondern auch als touristischer Rohstoff. Die Rapsblüte ist Schleswig-Holsteins Postkartenmotiv Nummer eins und prägt das Image des Nordens draußen in der Welt. Dieses Rapsfeld befindet sich in der Nähe von Heiligenhafen in Ostholstein.

The North clad in robes of gold: In May and June, the rape blossom transforms Schleswig-Holstein into a sea of glittering colour. This shimmering crop is very versatile, and is used in products as diverse as bio-diesel oil and margarine. What is more, rape has proven to be a raw material for tourism as well as industry. Fields of rape in bloom are Schleswig-Holstein's most popular postcard motif, shaping the image of the North for the outside world. The rape in the picture is near Heiligenhafen in East Holstein.

Le Nord sous un manteau doré: les fleurs de colza transforment en mai et en juin le Schleswig-Holstein en un océan de couleur magnifique. Ce fruit agricole aux diverses facettes trouve des utilisations variées – comme carburant biologique ou comme matière de base dans la fabrication de la margarine. Cette plante se révèle également être plus qu'une matière première industrielle, à savoir un facteur touristique. Le colza en fleurs est le motif préféré des cartes postales du Schleswig-Holstein et symbolise l'image du Nord ailleurs dans le monde. Ce champ de colza se trouve à proximité d'Heiligenhafen dans le Holstein oriental.

Schöner Wohnen für Vierbeiner: Diese „Schwarzbunten“ leben in der Probstei östlich von Kiel wie im Paradies mit den saftigen Weiden unter den Hufen und dem Blick aufs Wasser vor Augen. Das kuppenreiche Relief ist typisch für den ganzen Osten Schleswig-Holsteins von der dänischen Grenze bis an die Elbe. Östliches Hügelland nennen die Geographen den Landstrich deshalb. Die letzte Eiszeit formte die Landschaft vor über 10 000 Jahren aus Geröll, das aus Richtung Skandinavien herangedriftet war. Ein fruchtbarer Boden schafft ideale Voraussetzungen für Grünlandwirtschaft und Ackerbau.

Fine living for quadrupeds: The Probstei area east of Kiel is paradise for these black and white cows, with the lush meadows beneath their hooves and a view of the water in front. The hilly terrain is typical of the whole East of Schleswig-Holstein from the Danish border to the Elbe, which is why geographers call it the eastern hill country. The landscape was formed during the last Ice Age from debris washed down from Scandinavia. The fertile soil provides ideal conditions for pasture and crop farming.

Habitat confortable pour amis à quatre pattes: ces vaches tachetées vivent dans un prieuré à l'est de Kiel, un véritable paradis, avec sous leurs sabots de riches prairies. Le relief mamelonné est typique de toute la partie est du Schleswig-Holstein, de la frontière danoise aux bords de l'Elbe. C'est pour cela que les géographes ont donné à cette contrée le nom de pays de collines de l'est. Ce paysage est né voilà plus de 10 000 ans de gravats dérivés de Scandinavie lors de la dernière période glaciaire. Le sol fertile crée des conditions idéales pour l'agriculture et les cultures organiques.

Wenige, dafür um so intensivere Farben: Das ist Schleswig-Holstein, hier eingefangen nördlich von Kiel am Eingang zur Eckernförder Bucht. Dänischer Wohld heißt die Ecke, wobei die Landwirtschaft vom Wohld, also Wald, der Frühgeschichte nicht mehr viel übriggelassen hat. Dänisch ist die Gegend auch schon lange nicht mehr. Dänemark beginnt erst jenseits des Horizonts auf Inseln wie Ærø oder Langeland – ideale Wochenendziele für die Segler.

Few colours, but all the more intensive: That is Schleswig-Holstein, captured here north of Kiel at the entrance to Eckernförde Bay. This area is known as the Danish Weald, though agriculture has not spared much of the weald, or forest. Moreover, the region ceased being Danish long ago. Denmark begins beyond the horizon, with islands like Ærø and Langeland, ideal weekend haunts for yachtsmen.

Des couleurs peu nombreuses mais d'autant plus intenses: c'est ça le Schleswig-Holstein, ici au nord de Kiel, à l'entrée de la baie d'Eckernförde. Ce coin s'appelle forêt danoise (Dänischer Wohld) mais l'agriculture n'a pas laissé grand chose de son peuplement primitif, la forêt. Et cela fait longtemps que cette contrée n'est plus danoise. Le Danemark ne commence qu'au delà de l'horizon, sur des îles telles qu'Ærø ou Langeland, lieux fréquentés le week-end par les amateurs de voile.

Traditionell macht ein Land den Ort zu seiner Hauptstadt, der als Aushängeschild taugt. Wer zum ersten Mal nach Kiel kommt, stellt fest, daß das in Schleswig-Holstein kein Auswahlkriterium war: Die Schattenseiten der Nachkriegsarchitektur treten hier ungezügelt zutage. Zu zwei Dritteln hatten Bombenangriffe die Küstenstadt zuvor in Schutt und Asche gelegt. So verbindet das heutige Kiel mit dem alten kaum mehr als der Name. Der beschreibt die keilartige, einst „Kyl“ genannte Form der Förde, die sich als Seitenarm der Ostsee 20 Kilometer weit ins Land schiebt.

Zumindest können sich die Schleswig-Holsteiner für ihre Kapitale mit dem Hinweis entschuldigen, daß sie sich diese nicht selbst ausgesucht haben, sondern von der britischen Besatzungsmacht verpaßt bekamen. Theodor Steltzer, der erste Ministerpräsident, hatte eigentlich Schleswig als Landeshauptstadt vorgeschlagen – was sich keineswegs nur mit einem schöneren, zudem unzerstörten Stadtbild begründen ließ. Die Historie sprach eindeutig für die Stadt an der Schlei, war sie doch ab 1867 Sitz der preußischen Provinzialverwaltung für Schleswig-Holstein und jahrhundertelang Residenz der Herzöge von Schleswig-Holstein-Gottorf. Doch da die Alliierten sich von allem, was mit Preußen zu tun hatte, an das Dritte Reich erinnert fühlten, war ein Anknüpfen an die alte Verwaltungsstruktur nicht erlaubt, und so entschieden die Briten, daß Kiel die Geschicke des nördlichsten Bundeslandes lenken sollte.

Pragmatismus kann man dieser Lösung nicht absprechen: Schon damals war Kiel, heute 245 000 Einwohner, die größte Stadt zwischen Nord- und Ostsee und durch die zentrale Lage für die Mehrheit der Schleswig-Holsteiner leichter zu erreichen als das nördliche Schleswig. Außerdem lechzte Kiel nach dem Zusammenbruch des Nationalsozialismus nach einer neuen Funktion: Bis dahin hatte die Stadt weitgehend von deutschen Großmachtsträumen gelebt. Kiel war die Rüstungsschmiede, zugleich größter deutscher Marinehafen – und beides nicht erst im Dritten Reich. Kaum war Schleswig-Holstein 1867 preußisch geworden, verlegte der König seine Seestreitkräfte von Danzig ins strategisch günstiger gelegene Kiel. Als dieses nach der Reichsgründung 1871 offiziell zum Reichskriegshafen aufstieg, kam das einer zweiten Stadtgründung gleich. Von seiner ersten urkundlichen Erwähnung 1220 an hatte es Kiel bis 1871 auf gerade 20 000 Einwohner gebracht – während des Flotten-Wettrüstens mit England bis zum Ersten Weltkrieg vervielfachte sich die Bevölkerungszahl auf 200 000.

Da die Marine einst so etwas wie der Herzschlag der Stadt war, ist ihr auch das augenfälligste Bauwerk an der Kieler Förde gewidmet: 85 Meter hoch thront auf dem Ostufer in Laboe in der Form eines Schiffsstevens das Marineehrenmal, errichtet im Gedenken an die auf See Gefallenen des Ersten Weltkriegs.

Hatten bis dahin die Regierenden in Berlin Kiels Entwicklung bestimmt, drehte der Norden den Spieß 1918 um: Kiel gab den Anstoß zur Revolution in der Reichshauptstadt. Marinematrosen an der Förde meuterten als erster deutscher Truppenteil gegen die alte Ordnung und bewirkten mit ihrem Aufstand, daß am 9. November in Berlin der Kaiser abdankte.

Der heutigen Bundesmarine verdankt die Landeshauptstadt ihr wohl schönstes Bauwerk – das allerdings die Stadtsilhouette trotz dringenden Bedarfs an Zier nur selten bereichert: Die „Gorch Fock“, von Nostalgie umwehtes Segelschulschiff der Truppe, hat Kiel zum Heimathafen. Daß die festlichweiße Dreimastbark den größten Teil des Jahres über die Weltmeere kreuzt, bringt andererseits den Vorzug mit sich, daß Kiel vollkommen gratis einen internationalen Botschafter besitzt. Das kommt einer ständigen Werbetour für das größte Segelsport-

Morgenröte vor der Landeshauptstadt: der Eingang der Kieler Förde zu früher Stunde. Hinten auf dem Ostufer das Marineehrenmal von Laboe

The red glow of dawn off the state capital: the entrance to Kiel Firth in the early morning. At the back, on the east bank, is the Laboe naval monument.

La capitale du land aux lueurs de l'aurore: l'entrée de la baie de Kiel lorsque pointe le jour. A l'arrière-plan, sur la rive est, le mémorial de la Marine de Laboe

Traditionally, a state chooses for its capital a town or city that will serve to advertise its attractions. Anyone visiting Kiel for the first time will discover that this was not a criterion in Schleswig-Holstein. The negative aspects of post-war architecture were allowed to develop unbridled after World War II air raids destroyed two thirds of this coastal town. Present-day Kiel has little more in common with old Kiel than the name, a reference to the wedge shape, formerly known as the “Kyl,” of the Baltic Sea inlet that juts 20 kilometres inland at this point.

At least Schleswig-Holsteiners have an excuse for their capital, pointing out that they did not choose it themselves, but had it thrust upon them by the British occupying power. Theodor Steltzer, the first state premier, actually proposed Schleswig as the state capital, and not just on account of its more attractive, unspoiled townscape. History clearly argued in favour of the town on the Schlei, which after all from 1867 was the seat of government of the Prussian province of Schleswig-Holstein, and for centuries the seat of the dukes of Schleswig-Holstein-Gottorf. However, everything to do with Prussia reminded the Allies of the Third Reich, so no link with the old administrative structure was permitted, and the British decided that Kiel should guide the destiny of Germany's northernmost federal state.

It cannot be denied that this was a pragmatic solution. Even in those days Kiel, which now has 245,000 inhabitants, was the largest town between the North Sea and the Baltic, and its central location made it easier to reach for most Schleswig-Holsteiners than Schleswig further to the north. Moreover, after the collapse of National Socialism, Kiel was thirsting for a new role. Up till then, the town had largely lived on Germany's dreams of being a great power. In addition to being an armaments manufacturing centre, Kiel was Germany's largest naval port, and had been both even before the Third Reich. Hardly had Schleswig-Holstein become part of Prussia in 1867 than the Kaiser transferred his naval forces from Danzig, now Gdansk in Poland, to the strategically more advantageous Kiel. When the German Reich was founded in 1871 and Kiel was officially declared the imperial war port, it

was as if the town had been reborn. Between 1220, when it was first mentioned in the records, and 1871, Kiel had acquired just 20,000 inhabitants. During the naval arms race with Britain in the period leading up to World War I, the population multiplied to 200,000.
Since the navy was once something like the city's heartbeat, the most striking edifice on the Firth of Kiel is dedicated to it. The stern-shaped Naval Monument, erected to commemorate those who died at sea in World War I, towers 85 metres above the east bank in Laboe. Until the end of World War I, it was the rulers in Berlin who determined Kiel's development, but in 1918 the north turned the tables on them. The starting signal for revolution in the imperial capital came from Kiel. Marines on the firth were the first German troops to mutiny against the old order, and their uprising led to the Kaiser's abdication on 9 November in Berlin. The present German navy has the state capital to thank for what must be its finest landmark, though one which seldom graces the town's skyline, despite its urgent need of ornament. For Kiel is the home port of the "Gorch Fock," the navy's nostalgia-steeped sailing training ship. On the other hand, the

Kiels vollste Tage des Jahres: Die „Kieler Woche" lockt alljährlich im Juni Millionen von Menschen zum größten Sommerfest im nördlichen Europa.

Kiel's busiest days of the year: every year in June, Kiel Week attracts millions of people to the regatta and northern Europe's biggest summer festival.

Ce sont à Kiel les journées les plus remplies de l'année: La «Semaine de Kiel» attire chaque année au mois de juin des millions de personnes venues participer à la plus grande fête d'été du nord de l'Europe.

Un pays choisit traditionnellement pour capitale le lieu qui peut lui servir de carte de visite. Celui qui vient pour la première fois à Kiel constate que, dans le Schleswig-Holstein, ce n'est pas ce critère qui a été décisif: l'architecture de l'après-guerre dans ce qu'elle a de moins réussie a pu se déployer ici en toute liberté. Les deux tiers de cette ville côtière avaient été auparavant réduits en cendres par les bombes. Le Kiel de nos jours et le Kiel d'autrefois n'ont donc pas beaucoup plus que le nom en commun. Celui-ci décrit l'aspect cunéiforme de la rade, ce bras secondaire de la mer Baltique autrefois nommé «Kyl» qui se fraie sur 20 kilomètres un passage à l'intérieur des terres.
Les habitants du Schleswig-Holstein peuvent toutefois s'excuser du choix de leur capitale en faisant remarquer que ce n'est pas le leur mais qu'il leur a été imposé par la force d'occupation britannique. Theodor Steltzer, premier ministre-président du Land, avait proposé à l'origine de choisir Schleswig comme capitale - ce qui ne se justifiait en aucun cas seulement par la physionomie de la ville, plus belle et intacte également de toute destruction. L'histoire se prononçait aussi clairement en faveur de cette ville des bords de la Schlei puisqu'elle fut à partir de 1867 siège de l'administration provinciale prussienne pour le Schleswig-Holstein et pendant des siècles la résidence des ducs de Schleswig-Holstein-Gottorf. Mais puisque tout ce qui était lié à la Prusse avait pour les Alliés des relents de national-socialisme, il ne fut pas permis de renouer avec l'ancienne structure administrative et c'est ainsi que les Anglais décidèrent que c'était à Kiel de prendre en main le destin de ce Land le plus septentrional de l'Allemagne.
On ne peut pas contester à cette solution un certain pragmatisme: Kiel qui compte maintenant 245 000 habitants était autrefois déjà la plus grande ville entre mer du Nord et mer Baltique et, de par sa position centrale, plus facile à atteindre pour la majorité des habitants du Schleswig-Holstein que Schleswig située plus au nord. De plus, Kiel brûlait après l'effondrement du national-socialisme d'occuper de nouvelles fonctions. Jusqu'ici, la ville s'était nourrie essentiellement des rêves allemands de grande puissance. Kiel était profondément marquée par son industrie de l'armement et était en même temps le plus grand port de marine allemand - fonctions qu'elle n'occupait pas seulement depuis le IIIe Reich. En 1867, alors que le Schleswig-Holstein venait juste de devenir prussien, le roi transféra ses forces navales de Danzig à Kiel dont la position stratégique était plus favorable. Lorsqu'elle devint officiellement, après la fondation de l'Empire allemand en 1871, base navale de l'empire, ce fut comme une deuxième fondation. Mentionnée pour la première fois en 1220, Kiel avait tout juste 20 000 habitants en 1871; pendant la période de la course à l'armement naval avec l'Angleterre et jusqu'à la première guerre mondiale, le nombre de ses habitants s'accrut considérablement pour atteindre 200 000. Puisque c'est la marine qui faisait battre autrefois le cœur de la ville, on lui a aussi consacré dans la baie de Kiel l'édifice qui attire le plus les regards: c'est à Laboe, sur la rive est de la baie, que trône du haut de ses 85 mètres le mémorial de la Marine qui , affectant la forme d'une étrave, est dédié à la mémoire de ceux qui moururent en mer pendant la première guerre mondiale. Si le destin de Kiel avait été déterminé jusqu'alors par ceux qui gouvernent à Berlin, c'est le Nord qui en 1918 prit sa revanche: c'est de Kiel que partit la première étincelle de la révolution qui éclata dans la capitale de l'Empire. Ce sont des marins de la marine de guerre de la rade de Kiel qui furent les premiers parmi les troupes allemandes à se mutiner contre l'ordre établi et entraînèrent avec leur révolte l'abdication de l'empereur le 9 novembre à Berlin. C'est à la marine allemande actuelle que la capitale du Land du Schleswig-Holstein doit certainement son plus bel édifice – qui n'enrichit cependant que rarement la physionomie de la ville bien qu'elle en ait un urgent besoin: Kiel est le port d'attache du «Georg Fock», ce voilier-école de la marine dans les voiles duquel souffle un vent de nostalgie. Que ce trois-mâts blanc et solennel croise la plus grande partie de l'année dans les mers du monde a par ailleurs l'avantage d'attribuer à Kiel un ambassadeur international entièrement gratuit. Cela équivaut à une campagne publicitaire permanente pour le plus grand événement sportif de voile du globe qui attire chaque année, au cours de la dernière semaine de juin, près de 5 000 voiliers venus de 70 nations dans la patrie du «Georg Fock»: c'est alors la «Semaine de Kiel» qui, comme le veut la tradition, commence chaque année par la «régate de l'anguille» qui se dispute de

ereignis auf dem Globus gleich, das stets in der letzten Juni-Woche um die 5000 Segler aus 70 Nationen ins Zuhause der „Gorch Fock“ lockt: Dann ist „Kieler Woche“, traditionell eingeleitet mit der „Aalregatta“ nach Eckernförde. Ungleich mehr Menschen als das Geschehen auf dem Wasser locken die Angebote zu Lande: Dort steigt im Brackwasser des Segel-Festivals Kiels fünfte Jahreszeit mit Konzerten und Trubel in den Straßen bis tief in die Nacht. Dann steht der Norden den Karnevalsgegenden dieser Welt in punkto Ausgelassenheit in nichts nach.

Die einst inselartige Lage der Kieler Altstadt (Mitte) läßt sich aus der Luft noch erahnen: hinten die Förde, vorn ihr teichartiger Seitenarm „Kleiner Kiel“.

From the air, you can still imagine the former island-like position of Kiel's old city centre. Behind is the firth, in front its pond-like arm, the Kleiner Kiel.

Vue d'en haut, on arrive encore à reconnaître la position autrefois insulaire de la vieille ville de Kiel (au centre): au fond, la baie, en avant, le Petit Kiel, un bras secondaire en forme d'étang.

Wenn in der „Kieler Woche“ so ausgiebig gefeiert wird, liegt das nicht zuletzt an den fast 30 000 Studenten, die die Stadt bevölkern und hauptsächlich an der Christian-Albrechts-Universität eingeschrieben sind. Neben der Hauptstadtfunktion hat Kiel auch den Namen der Hochschule von Schleswig erhalten. Der herzogliche Namenspate war nämlich auf dem dortigen Schloß Gottorf zu Hause. Dem gleichfalls zu seinem Territorium zählenden Kiel hatte der Landesherr die Universität 1665 gönnerhaft zur Förderung der Infrastruktur geschenkt. Heute grübeln umgekehrt in den Kieler Ministerien Regierende, wie man wohl dem strukturschwach gewordenen Schleswig Impulse verleihen könnte. Das macht den Rollentausch der beiden Städte komplett.

fact that the festive white three-master spends most of the year sailing the world's oceans has the advantage of providing Kiel with a roving ambassador completely free of charge. It also amounts to a continuous advertising campaign for the world's largest sailing event. Every year in the last week of June, Kieler Woche, or Kiel Week, draws 5,000 sailors from 70 nations to the Gorch Fock's home port. The week traditionally starts with the "Aalregatta" or "Eel Regatta" to Eckernförde. Far more people than are attracted by events on the water are lured by the offerings on land, however. There, on the fringes of Kiel's festival of sailing, a kind of carnival takes hold of the streets until the early hours, complete with concerts and party mood. Then, the north has its own "fifth season," one that is celebrated just as boisterously as in traditional carnival strongholds.

The boisterousness of Kiel Week celebrations is due not least to the nearly 30,000 students who populate the town, most of whom attend the Christian Albrecht University. The name is something else that Kiel inherited from Schleswig in addition to its role as state capital. Schloss Gottorf in Schleswig was the seat of Duke Christian Albrecht, after whom the university was named. Kiel was part of his territory, and he granted the university to the town in 1665 to help develop its infrastructure. Now the boot is on the other foot, as present-day rulers in their ministries in Kiel puzzle their brains over how to encourage economic development in Schleswig, which lags behind. That completes the two cities' swapping of roles.

Kiel à Eckernförde. La palette des activités proposées sur terre attire encore plus de personnes que ce qui se passe sur mer: c'est dans le sillage du festival de la voile que Kiel vit sa cinquième saison: les concerts sont alors nombreux et la fête remplit les rues de la ville jusqu'à une heure avancée de la nuit. Pour ce qui est de l'exubérance, le Nord n'a alors rien à envier aux régions de ce monde où se fête carnaval.

Si la «Semaine de Kiel» est fêtée si généreusement, c'est bien notamment grâce aux quelque 30 000 étudiants qui peuplent la ville et sont inscrits pour leur plus grande majorité à l'université Christian Albrecht. Le nom de l'université est, outre la fonction de capitale du Land, un autre don de Schleswig à Kiel. Celui qui donna son nom à l'université était en effet issu de la famille ducale et vivait au château de Gottorf. Le maître de ce pays avait eu en 1665 la générosité d'offrir cette université à la ville de Kiel qui faisait alors partie de son territoire pour en améliorer l'infrastructure. Aujourd'hui, à l'inverse de jadis, ceux en charge du gouvernement dans les ministères de Kiel se demandent comment stimuler l'activité économique de Schleswig actuellement en perte de vitesse. La permutation des rôles des deux villes est donc ainsi complète.

Kiels Botschafter in aller Welt: die Dreimastbark „Gorch Fock", das Segelschulschiff der Bundesmarine. Es ist in der Landeshauptstadt Schleswig-Holsteins stationiert, doch meistens unterwegs.

Kiel's roving ambassador: the three-master "Gorch Fock" is the German navy's sailing training ship. Though stationed in Schleswig-Holstein's capital, it is usually out of port.

Ambassadeur de Kiel dans le monde entier: le trois-mâts «Gorch Fock», voilier-école de la marine allemande. Il est stationné dans la capitale du Schleswig-Holstein mais croise le plus souvent au large.

STENA GERMANICA
LEVANDE KATTEGATT

Skyline mit Schornstein: In Kiel fahren Skandinavien-Fähren bis in die Stadtmitte. Die „Stena Germanica" ist aus dem schwedischen Göteborg angereist; auf dem gegenüberliegenden Ufer der Kieler Förde macht die norwegische Color Line mit ihren Oslo-Fähren fest. Auch wenn ein Großteil der Autodecks mit Lastwagen gefüllt ist – beide Routen besitzen einen Hauch von Kreuzfahrer-Flair für den kleinen Mann. Weil in den nordischen Ländern vieles teurer ist, verdient die Kieler Geschäftswelt gut an Einkaufstouristen, die den Seeweg wählen. Praktischerweise kommen die Fähren morgens an, wenn die Läden öffnen.

Skyline with funnel: Ferries to and from Scandinavia sail right into Kiel town centre. The "Stena Germanica" has arrived from Gothenburg, Sweden, while ferries of the Norwegian Color Line berth on the opposite bank. Though trucks occupy most of the space on the car-decks, both routes have a cruise-like aura for ordinary people. Because many goods are more expensive in Scandinavia, the business world makes a good profit from shopping tourists arriving by sea. Conveniently, the ferries arrive in the morning just as the shops are opening.

Ligne d'horizon avec cheminée: à Kiel, les ferries pour la Scandinavie avancent jusqu'au centre de la ville. La «Stena Germanica» arrive de Göteborg, en Suède; sur l'autre rive de la baie de Kiel, c'est la Color Line norvégienne qui amarre ses ferries pour Oslo. Même si une grande partie des ponts-garage sont surtout remplis de camions, le simple citoyen a toutefois l'impression de faire une vraie croisière lorsqu'il emprunte l'une de ces deux routes. Nombre d'articles étant plus chers dans les pays du Nord, les commerçants de Kiel vivent aussi des touristes venus de la mer faire leurs achats. Et pour que ce soit plus pratique, les ferries arrivent le matin, à l'ouverture des magasins.

Ein repräsentatives Duo: Deutschlands nördlichstes Opernhaus (rechts) und das Kieler Rathaus. Dessen venezianischer Stil unterstreicht das Selbstbewußtsein von Schleswig-Holsteins größter Stadt. Die Silhouette spiegelt sich im „Kleinen Kiel", einem teichartigen Seitenarm der Kieler Förde. Obwohl erst vor rund einem Jahrhundert entstanden, zählen beide Bauten zu den ältesten der Landeshauptstadt. Der einstige „Reichskriegshafen" ist im großen und ganzen eine neue Stadt, in der nur wenige Sehenswürdigkeiten den Bombenhagel des Zweiten Weltkriegs überstanden.

An imposing duo: Germany's northernmost opera house (right) and Kiel Town Hall, the Venetian style of which underlines the self-awareness of Schleswig-Holstein's largest city. Its silhouette is reflected in the Kleiner Kiel, a pond-like arm of the Kiel Firth. Although they were built only about a century ago, these two buildings are among of the oldest in the state capital. The former "Reich war port" is largely a new town, since only a few places of interest survived the bombs of World War II.

Un duo représentatif: l'opéra le plus au nord de l'Allemagne (à droite) et l'Hôtel de Ville de Kiel. Leur style vénitien souligne bien la fierté de la plus grande ville du Schleswig-Holstein. Leur silhouette se reflète dans le «Petit Kiel» (Kleiner Kiel), un bras secondaire en forme d'étang de la baie de Kiel. Ces deux édifices, bien que construits voilà seulement un siècle, comptent parmi les plus anciens de la capitale du Schleswig-Holstein. Ce qui fut autrefois le «port de guerre du Reich» est pour l'essentiel une ville nouvelle dans laquelle seules quelques curiosités ont survécu aux bombardements de la Deuxième Guerre mondiale.

Größtes Segelsportereignis der Welt: Alljährlich im Juni vereint die „Kieler Woche" um die 5000 Segler aus 70 Nationen. Während die Sportler zu Wasser um Punkte und Pokale kämpfen, feiern zu Lande Millionen Besucher Kiels fünfte Jahreszeit. Die Straßen und Promenaden der Innenstadt verwandeln sich dann zu einer einzigen Partyfläche mit Konzertbühnen an allen Ecken und Enden. Auch ohne Kostüme steht die angeblich so kühle Hauptstadt des Nordens dann den Karnevalshochburgen in punkto Ausgelassenheit in nichts nach.

The world's biggest sailing event: Each year in June, Kiel Week brings together 5,000 yachtsmen and -women from 70 countries. While the sailors compete for points and trophies at sea, millions of visitors celebrate Kiel's carnival on land. The town-centre streets and promenades are transformed into one big party venue, with concert stages everywhere. Even without fancy dress, this northern capital, allegedly so reserved, matches the exuberance of Germany's carnival strongholds.

Plus grand événement de sport de voile du monde: chaque année, au mois de juin, la «Semaine de Kiel» rassemble près de 5 000 sportifs de la voile venus de 70 nations. Pendant que les sportifs se battent sur l'eau pour gagner coupes et compétitions, des millions de visiteurs fêtent sur terre la cinquième saison de l'année de Kiel. Les rues et les allées du centreville sont alors entièrement à la fête avec pour l'animer d'innombrables concerts. Même sans costumes, cette capitale du nord soi-disant si froide n'a rien à envier, pour ce qui est de l'exubérance, aux haut lieux du carnaval.

G-492
G-591

Ob das allsommerliche Schleswig-Holstein-Musik-Festival eröffnet wird, ob die Landesregierung wieder an der Reihe ist, das regelmäßige Treffen aller deutschen Ministerpräsidenten auszurichten oder ob der Landtag Politiker aus dem Ostseeraum empfängt: Will sich das Land zwischen den Meeren von seiner repräsentativen Seite zeigen, lädt es viel häufiger nach Lübeck ein als nach Kiel, in die offizielle Hauptstadt. Die Hanse-Metropole im Südosten darf also als die gute Stube Schleswig-Holsteins gelten.

Schließlich gehört es sich auch, schöne Geschenke nach Kräften vorzuführen, denn ein solches ist Lübeck für Schleswig-Holstein: Die Prachtstadt fiel ihm 1937 wie eine reife Frucht in den Schoß, als Preußen Lübeck nach über 700 Jahren den Status einer freien Reichsstadt genommen und es der Provinz Schleswig-Holstein angegliedert hatte. Für diese war es eine Entschädigung dafür, daß sie Städte wie Altona und Wandsbek an Hamburg hatte abtreten müssen.

Wer Lübeck in höchsten Tönen preist, beschönigt nicht, sondern gibt lediglich wieder, was international anerkannt ist: Die Unesco hat die 238 000-Einwohner-Stadt mit dem Stempel der Vereinten Nationen zum Weltkulturerbe geadelt. Insgesamt stehen auf der Altstadtinsel zwischen Trave und Wakenitz über 1000 Gebäude unter Denkmalschutz. Einen Rekord stellen die Bauten des 13. bis 15. Jahrhunderts auf – aus dieser Zeit sind in Lübeck mehr Häuser erhalten als in allen anderen norddeutschen Großstädten zusammen. Schließlich war Lübeck damals ohne jede Übertreibung eine Weltstadt, nach Köln und Prag zeitweise die drittgrößte im Heiligen Römischen Reich Deutscher Nation. Als dessen Tor zur Ostsee übernahm es die vorherige Rolle Schleswigs als Umschlagplatz zwischen dem Kontinent und dem Mare Balticum. Zahlreiche Lübecker Kaufmannsfamilien errichteten Stützpunkte fast rund um die Ostsee, waren an der Gründung von Städten wie Stralsund, Danzig oder Reval/Tallin beteiligt. Dort sicherten sich die deutschstämmigen Familien handelsrechtliche Privilegien und bildeten in ihrer Gesamtheit die Hanse mit Lübeck als Oberhaupt. Mit dem Handel baute dieses Netzwerk der Kaufleute ganz nebenbei eine kulturelle Brücke übers Meer: Niederdeutsch stieg zur „Lingua franca“ im Nordosten Europas auf, die Bauweise der Lübecker Bürgerhäuser und Kirchen wurde im gleichen Radius kopiert. An die 100 Sprößlinge besitzt die St.-Marien-Kirche: Mit dieser „Notre Dame“ des Nordens hatte man um 1250 erstmals an der Ostsee den gotischen Kathedralen-Typ verwirklicht, wie er auf der Pariser Seine-Insel entwickelt worden war. Wismar, Bad Doberan, Rostock, Stralsund, Riga, Reval/Tallin, Danzig, Königsberg/Kaliningrad heißen einige der Töchter des Lübecker Prototyps. Daß seine Doppeltürme diejenigen des Doms um 23 Meter überragen, übersetzt den merkantilen Geist der Hansemetropole unmißverständlich in Architektur: Nicht der Bischof spielte in Lübeck die erste Geige, dies taten Kaufmannschaft und Ratsherren, die St. Marien in einer Art Wettrüsten gegen den Dom erschaffen haben. Noch jenseits des Zweiten Weltkriegs setzte sich diese Rangfolge fort: Der zerbombte Dom wurde erst 1970, mehr als ein Jahrzehnt nach der ebenfalls zerstörten St.-Marien-Kirche, vollständig wieder aufgebaut.

Seitdem ist die Skyline der Altstadt aus insgesamt sieben Kirchtürmen wieder komplett, und die Silhouette strebt derart mächtig gen Himmel, daß man von einem Manhattan des Mittelalters sprechen kann: So wie die Amerikaner in New York mit Wolkenkratzern Macht und Reichtum ausdrückten, taten es die einstigen Weltbürger Lübecks mit ihren Türmen und Zinnen.

Hinter die Kulissen der Hansestadt blickt es sich am besten bei der Lektüre der „Buddenbrooks“ von Thomas Mann. In dem 1000-Seiten-Epos hat Lübecks bekanntester Sohn seiner Vaterstadt ein mit dem Nobelpreis gekröntes literarisches Denkmal gesetzt. Wie genau der Dichter die Verhältnisse in der Hansestadt getroffen hat, bestätigen die Proteste der Lübecker nach Erscheinen des Romans im Jahr 1900 – zahlreiche Bürger fühlten sich karikiert und entlarvt. Erst nach dem Zweiten Weltkrieg hatte die Heimat dem Erfinder der „Buddenbrooks“ so weit verziehen, daß sie sich zur Verleihung des Ehrenbürger-Titels durchrang. Bis aber für den Besucher Lübecks einer der Hauptromane der Weltliteratur vor Ort begreifbar wurde, lag das Erscheinen der „Buddenbrooks“ schon 93 Jahre zurück: Dann erst eröffnete die Stadt am Wohnort der Romanfamilie, der Residenz der Großeltern Mann, das Museum „Buddenbrookhaus“. Inzwischen lockt es ähnlich viele Besucher wie das legendäre Café Niederegger, das die 200-jährige Marzipan-Tradition der Stadt verkörpert. Auch diese läßt sich wie eigentlich alles an der Trave mit der Kaufmannstradition erklären:

No matter whether it is the formal opening of the annual Schleswig-Holstein Music Festival, the state government's turn to host the regular meeting of federal state premiers, or whether the state assembly is receiving visiting politicians from the Baltic region, when Schleswig-Holstein wants to show off its prestigious side, it is far more likely to invite visitors to Lübeck than to Kiel, the official capital. In fact, one could describe the Hanseatic city in the south-east of the state as Schleswig-Holstein's front parlour. After all, there is nothing wrong in showing off beautiful gifts when the opportunity arises, and Lübeck is one such gift for Schleswig-Holstein. This magnificent city dropped into the state's lap like a ripe fruit in 1937, when Prussia removed Lübeck's status as a free imperial city, a status it had enjoyed for more than 700 years, and incorporated it into Schleswig-Holstein province. This compensated the province for having had to cede towns such as Wandsbek and Altona to Hamburg.

Those who praise Lübeck to the skies are not exaggerating, but merely echoing what has been internationally recognised. Unesco has bestowed the United Nations' seal of approval on this city of 238,000 people by declaring it a world cultural heritage site. More than 1,000 buildings on the Altstadt island between the Trave and the Wakenitz rivers are protected by conservation orders. They include a record number of buildings dating back to the 13th to 15th centuries. In fact, Lübeck has more intact buildings dating from this period than all other North German cities together. In mediaeval times, Lübeck was without any exaggeration an international city, for a time the third largest in the Holy Roman Empire after Cologne and Prague. As the empire's gateway to the Baltic, it assumed Schleswig's former role as a transhipment centre linking the continent and the Baltic Sea. Numerous Lübeck merchants' families established bases nearly all round the Baltic and were involved in founding towns such as Stralsund, Gdansk and Tallin. Ethnic German families secured trading privileges and got together to form the Hanseatic League, with Lübeck as its leader. Along with trade, this network of merchants quite incidentally built a cultural bridge across the Baltic. Low German became the lingua franca in north-east Europe, and the architectural style of Lübeck's town-houses and churches was

copied throughout the region. The Lübeck Marienkirche, or St Mary's Church, has nearly 100 offshoots. This northern "Notre Dame," built in around 1250, was the first Baltic church to be modelled on the Gothic cathedral on the island in the Seine in Paris. Churches in Wismar, Bad Doberan, Rostock, Stralsund, Riga, Tallinn, Gdansk and Kaliningrad are just a few of its daughters. The Marienkirche's twin towers are 23 metres taller than those of the city's cathedral, an unmistakable translation of the Hanseatic metropolis's mercantile spirit into architecture. It was not the bishop who called the tune in Lübeck, but the merchants and councillors who erected St Mary's in a kind of contest with the cathedral. This order of priority continued even after World War II. The cathedral, which had been destroyed by bombs, was not fully rebuilt until 1970, more than a decade after St Mary's, which had been shot to pieces.
The cathedral's restoration completed the historic city-centre skyline, which regained its seven church towers. Its outlines reach so impressively skyward that one can liken it

Machtzentrale des Haupts der Hanse: das spätgotische Rathaus von Lübeck

The power centre of the head of the Hanseatic League: Lübeck's late-Gothic town hall

Centrale du pouvoir politique de la figure de proue de la Hanse: l'Hôtel de ville (Rathaus) de Lübeck de style gothique tardif

Que ce soit l'ouverture du festival de musique du Schleswig-Holstein avec sa tradition estivale ou au tour du gouvernement du Land d'organiser la rencontre régulière de tous les ministres-présidents allemands ou bien que ce soit le Landtag qui donne une réception pour les hommes politiques venus des pays de la Baltique: lorsque ce Land d'entre deux mers veut recevoir dans un cadre adéquat, il invite bien plus souvent à venir à Lübeck qu'il ne le fait à Kiel, la capitale officielle. Cette métropole de la Hanse située dans le sud-est du pays peut donc bien être considérée comme la vitrine du Schleswig-Holstein. Tout un chacun se doit d'exhiber s'il le peut ses cadeaux les plus beaux et Lübeck en est un pour le Schleswig-Holstein: cette ville splendide lui est tombée dans les mains comme un fruit mûr en 1937 lorsque les Prussiens ont enlevé à Lübeck, après 700 ans, son statut de ville libre et l'ont annexée à la province du Schleswig-Holstein. Cela représentait pour elle un dédommagement pour avoir dû céder à Hambourg des villages comme Altona et Wandsbek.
Celui qui glorifie Lübeck avec emphase ne l'embellit en rien mais ne fait que redonner ce qui est déjà reconnu mondialement: l'Unesco a appliqué à cette ville de 238 000 habitants le sceau des Nations Unies en la classant sur la Liste du patrimoine mondial. Ce sont au total plus de 1000 édifices situés dans la ville ancienne, sur l'île entre la Trave et la Wakenitz, qui sont classés monuments historiques. Les constructions des XIIIe et XVe siècles établissent un record – on trouve à Lübeck plus de bâtiments bien conservés de cette époque que dans toutes les autres grandes villes de l'Allemagne du Nord réunies. Après tout, Lübeck était autrefois, sans aucune exagération, une ville de renommée mondiale qui, après Cologne et Prague, a occupé à certaines périodes la troisième place dans le Saint Empire romain germanique. Porte ouverte sur la Baltique, Lübeck reprend le rôle que jouait autrefois Schleswig comme place de transbordement entre le continent et la mer Baltique. De nombreuses familles de commerçants lübeckois établirent des comptoirs sur le pourtour de la Baltique et participèrent à la fondation de villes telles que Stralsund, Dantzig ou Reval/Tallin. Les familles d'origine allemande s'assurèrent, dans ces comptoirs, les privilèges de leurs droits commerciaux et formèrent ensemble la Ligue hanséatique avec Lübeck comme figure de proue. Ce réseau de négociants établit par le biais du commerce, et sans l'avoir spécialement recherché, des liens culturels par delà la mer: le bas allemand devint «lingua franca» dans le Nord-est de l'Europe, les styles de construction des maisons bourgeoises et des églises de Lübeck furent copiés dans le même rayon. L'Eglise Sainte-Marie possède près de 100 rejetons: cette «Notre Dame» du Nord avait concrétisé vers 1250, pour la première fois en bordure de la mer Baltique, le type de la cathédrale gothique tel qu'il avait été conçu à Paris sur l'île de la Seine. Les filles du palais sacré de Lübeck portent les noms de Wismar, Bad Doberan, Rostock, Stralsund, Riga, Reval/Tallin, Danzig, Königsberg/Kaliningrad et d'autres encore. Que ses doubles clochers dépassent de 23 mètres ceux de la cathédrale transpose dans l'architecture, sans aucune équivoque possible, l'esprit mercantile de la métropole hanséatique: ce n'était pas l'évêque qui à Lübeck donnait le la mais les négociants et les conseillers urbains qui créèrent Sainte-Marie pour rivaliser avec la cathédrale. Bien après la seconde guerre mondiale, cet ordre hiérarchique perdurait encore. La cathédrale qui avait été détruite par les bombes ne fut entièrement restaurée qu'en 1970, plus d'une décennie après l'église Sainte-Marie elle aussi dévastée par les obus.
Depuis, la ligne d'horizon de la vieille ville aux sept clochers est de nouveau complète et cette silhouette s'élance avec une telle puissance vers le ciel que l'on peut parler d'un Manhattan du Moyen Âge: à l'image des Américains qui, à New York, exprimaient puissance et richesse dans les gratte-ciel, les citoyens cosmopolites d'autrefois le faisaient à l'époque à Lübeck avec leurs tours et leurs créneaux.
Le meilleur moyen pour jeter un coup d'œil derrière les coulisses de la Ville Hanséatique est de lire les «Buddenbrooks» de Thomas Mann. Dans cette épopée imposante, le fils le plus connu de la ville de Lübeck a érigé un monument littéraire couronné par le prix Nobel à la gloire de sa ville natale. La vague de protestations qui déferla sur Lübeck après la parution du roman en 1900 – de nombreux citoyens se sentaient caricaturés, confondus, démasqués – confirme indirectement l'exactitude de la description que le poète fit de la situation de la ville de la Hanse. Ce n'est qu'après la seconde guerre mondiale que Lübeck peut enfin pardonner à l'inventeur des «Buddenbrooks» et qu'elle se décida alors à lui accorder le titre de citoyen d'honneur. Mais il fallut attendre 93 ans après la parution des «Buddenbrooks» pour que puisse se concrétiser sur place, pour les visiteurs de Lübeck, l'un des principaux romans de la littérature mondiale: ce n'est qu'à cette date que la municipalité ouvrit la «Maison Buddenbrooks», musée installée dans la maison où vivait la famille du roman, lieu de résidence des grands-parents

Einziges im Originalzustand erhaltenes Gildehaus Lübecks: die Schiffergesellschaft

The Schiffergesellschaft is the only guild-house in Lübeck that has been preserved in its original state.

Seule maison d'une guilde de Lübeck conservée dans l'état d'origine: la maison de la corporation des Marins (Schiffergesellschaft)

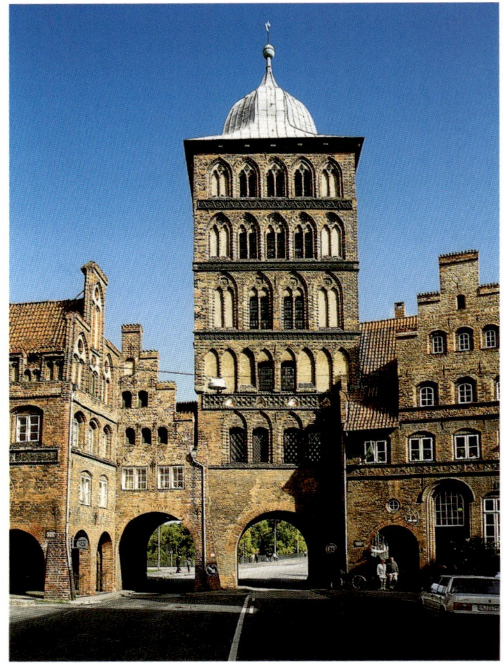

Zwar ist das Holstentor Lübecks bekanntestes Stadttor – doch stattlicher, da höher, wirkt das Burgtor, hier im Bild.

The Holstentor is Lübeck's best-known town gate, but the taller Burgtor, seen in this picture, looks more imposing.

La Holstentor est bien la porte fortifiée la plus connue de Lübeck – mais la Burgtor, ici sur la photo, est plus imposante puisque plus élevée.

to a mediaeval Manhattan. Americans in New York expressed power and wealth by building skyscrapers, and the cosmopolitan citizens of old Lübeck did so with their towers and spires.
The best way to take a glimpse behind the scenes of the Hanseatic city is to read Thomas Mann's novel "Buddenbrooks." With this 1,000-page epic, Lübeck's most famous native son produced a Nobel Prize-winning literary monument. The accuracy with which he described conditions in the city was indirectly confirmed by the wave of protest than ran through Lübeck when the novel was published in 1900. Many citizens felt they had been caricatured, exposed and robbed of their masks. Not until after World War II did Lübeck forgive Thomas Mann sufficiently to make him an honorary citizen. And only 93 years after publication was one of world literature's leading novels brought to life on the spot for visitors to Lübeck, when the town opened the Bud-

Ursprünglich hatte Lübeck mit der Leckerei aus Mandeln und Zucker ebenso wenig zu tun wie alle anderen Städte Europas – erfunden wurde die Süßigkeit schließlich im Vorderen Orient. Die Lübecker kamen nur weiter herum als andere und hatten ein angeborenes Gespür für Dinge, mit denen sich Geld verdienen läßt. Das Marzipan der Hanseaten beweist einmal mehr, wie gut Süßigkeiten zum Trost geeignet sind: Deutschlandweit verbreiten die „Niederegger"-Leckereien auf ihrem Papier das Lübecker Wahrzeichen Holstentor, und das hilft vielen Lokalpatrioten zumindest ein bißchen darüber hinweg, daß die Bundesbank das Doppelturm-Portal nach Jahrzehnten von ihrem 50-Mark-Schein entfernt hat.

denbrookhaus museum in the house where the family in the novel resided, the home of Thomas Mann's grandparents. Now, it attracts roughly as many visitors as the legendary Café Niederegger, the symbol of Lübeck's 200-year-old marzipan industry. This, like everything in the town on the Trave, is explained by its mercantile tradition. Originally, Lübeck had as little to do with this sweetmeat made from almonds and sugar as any other town in Europe. After all, marzipan was a Middle Eastern invention. Lübeckers simply got around more than others and had a native instinct for things that could earn money. This Hanseatic marzipan is further evidence of the comforting effect of candies. On their wrappers, Niederegger delicacies carry the silhouette of Lübeck's emblem, the Holstentor gate, throughout Germany. That helps to console many local patriots at least a little bit for the Bundesbank having removed the Holstentor's twin-towered portal from the 50-deutschemark note, which it had graced for decades.

Lübecker Altstadt mit Blick auf den Turm von St. Petri, heute nicht mehr Kirche, sondern Ausstellungszentrum

A scene in Lübeck's historic city centre with a view of the tower of St Peter's, no longer a church but an exhibition space

La ville ancienne de Lübeck avec vue sur la tour de Saint-Pierre qui n'est plus, aujourd'hui, église mais centre d'exposition

du romancier. Ce musée attire maintenant autant de visiteurs que le légendaire Café Niederegger qui incarne la tradition bicentenaire de la ville dans la fabrication de pâte d'amandes. Cette tradition est en relation, comme tout ce que l'on trouve sur les rives de la Trave, avec la tradition commerçante de la ville: à l'origine, Lübeck n'avait rien à voir avec cette confiserie faite d'amandes et de sucre, tout aussi peu que toutes les autres villes d'Europe; après tout, cette sucrerie a été inventée au Proche Orient. Les Lübeckois ont simplement voyagé plus loin que les autres et avaient un sens inné des affaires. La pâte d'amandes hanséatique prouve une fois encore que les sucreries peuvent aussi mettre du baume au cœur: les pâtes d'amandes de «Niederegger» ont sur leur papier d'emballage l'emblème de la ville de Lübeck, la Holstentor, et cela permet à nombre de patriotes à l'esprit de clocher d'oublier tout au moins un peu que la Bundesbank a supprimé de son billet de 50 marks cette porte fortifiée avec ses tours jumelles, après plusieurs décennies d'existence.

Das „Buddenbrookhaus" in der Lübecker Mengstraße

The Buddenbrookhaus in Lübeck's Mengstrasse

La Maison des «Buddenbrooks» dans la Mengstrasse à Lübeck

Portal zum Weltkulturerbe: Das zwischen 1466 und 1478 errichtete Holstentor markiert den Eingang zur Lübecker Altstadtinsel. Trotz zahlreicher Verluste durch Bombenangriffe im Zweiten Weltkrieg nennt Lübeck mehr Bauwerke aus dem 13. bis 15. Jahrhundert sein eigen als alle übrigen Großstädte Norddeutschlands zusammen. Das einstige Haupt der Hanse verkörperte seinen Stolz mit der Höhe seiner Kirchtürme: links das Duo von St. Marien, erste gotische Kathedrale im Ostseeraum, rechts der Turm von St. Petri; davor die historischen Salzspeicher aus dem 16. und 17. Jahrhundert.

Gateway to world heritage site: The Holstentor, built between 1466 und 1478, marks the entrance to Lübeck's historic city-centre island. Despite heavy losses in World War II air raids Lübeck has more buildings dating from the 13th to 15th centuries than all other North German towns together. Once the head of the Hanseatic League, Lübeck symbolises its pride in the height of its church towers. On the left are the twin towers of St Mary's, the first Gothic cathedral church in the Baltic region, on the right the tower of St. Peter's and in front of it the historic sixteenth and seventeenth-century Salzspeicher, which were used to store salt.

Portail ouvert sur le patrimoine culturel mondial: la Holstentor construite entre 1466 et 1478 marque l'entrée de l'île sur laquelle se trouve la ville ancienne de Lübeck. Malgré d'importantes pertes dues aux bombardements de la Seconde Guerre mondiale, Lübeck peut s'enorgueillir de renfermer à elle seule plus d'édifices des XIIIe et XVe siècles que toutes les autres grandes villes du Nord de l'Allemagne réunies. L'ancienne figure de proue de la Hanse concrétisait son sentiment de valeur dans la hauteur de ses clochers: à gauche, le duo de Sainte-Marie, première cathédrale gothique de la Baltique, à droite la tour de Saint-Pierre; devant, les historiques entrepôts de sel (Salzspeicher) des XVIe et XVIIe siècles.

ORDIA DOMI FORIS PAX
HEICK&SCHMALTZ

Oase im Großstadt-Trubel. Den Erholungswert der zentrumsnahen Idylle hat der größte Sohn der Stadt, Literatur-Nobelpreisträger Thomas Mann, in seinen „Buddenbrooks“ verewigt. Im Wasser des Mühlenteichs spiegelt sich das älteste Gotteshaus Lübecks, der Dom; begonnen 1173 vom mächtigen Sachsen-Herzog Heinrich dem Löwen. Über Jahrhunderte stand die Bischofskirche in einem architektonischen Wettrüsten mit dem Gotteshaus der Bürgerschaft, St. Marien.

An oasis amid the city hustle and bustle: Nobel literature laureate Thomas Mann, Lübeck's greatest son, immortalised the recreational value of this idyll close to the city centre in his novel "Buddenbrooks." Reflected in the water of the Mühlenteich lake is Lübeck's oldest church, the Cathedral, which was begun in 1173 by Henry the Lion, the powerful Duke of Saxony. For centuries after, this seat of bishops engaged in an architectural "arms race" with St Mary's, the burghers' church.

Oasis dans le tumulte de la ville. Le fils le plus célèbre de la ville, le prix Nobel de littérature Thomas Mann, a immortalisé dans ses «Buddenbrooks» ce lieu charmant et reposant tout proche du centre-ville. C'est dans l'eau du Mühlenteich que se reflète la Maison de Dieu la plus ancienne de Lübeck, la cathédrale, dont la construction fut commencée en 1173 par le puissant duc de Saxe, Henri le Lion. C'est dans son architecture que la cathédrale a exprimé pendant des siècles sa rivalité avec la Maison de Dieu de la municipalité, l'église Sainte Marie.

PASSAT
41
42

Denkmal zu Wasser: In Travemünde, Lübecks stadteigenem Seebad, liegt die Viermastbark „Passat". An Bord der Touristenattraktion läßt es sich trefflich in den Seefahrer-Alltag vor Erfindung der motorisierten Schiffahrt eintauchen. Im Hintergrund erhebt sich Schleswig-Holsteins höchstes Hotel, das „Maritim". Der Tourismus hat hier Tradition: Travemünde ist das älteste offizielle Seebad in Schleswig-Holstein – seit 1803 besitzt es diesen Status.

Monument on the water: The four-master "Passat" is berthed in Travemünde, Lübeck's very own seaside resort. On board this tourist attraction you can immerse yourself in the everyday life of seamen before the invention of motorised shipping. Schleswig-Holstein's tallest hotel, the Maritim, towers in the background. Tourism has a long tradition here. In fact, Travemünde is Schleswig-Holstein's oldest officially designated seaside bathing resort, having been awarded the status in 1803.

Un monument sur l'eau: c'est à Travemünde, la station balnéaire de la ville de Lübeck, qu'est ancré le quatre-mâts Passat. On prend plaisir, à bord de cette attraction touristique, à revivre la vie des marins telle qu'elle fut avant l'invention de la marine motorisée. A l'arrière-plan s'élève le «Maritim», l'hôtel le plus haut du Schleswig-Holstein. Le tourisme a ici tradition: Travemünde est la station balnéaire officielle la plus ancienne du Schleswig-Holstein – elle a ce statut depuis 1803.

Wer von Hamburg in Richtung Osten fährt, erlebt eine Besonderheit im republikanischen Deutschland: Als wären Adel und Monarchie nicht lange abgeschafft, prangt wie selbstverständlich die Aufschrift „Kreis Herzogtum Lauenburg" auf den Ortsschildern. Der fürstliche Titel darf als kleines Trostpflaster dafür verstanden werden, daß der Südosten Schleswig-Holsteins im Namen des Bundeslandes vergessen wurde. Dabei könnte diese Region das mit gleichem Recht wie Schleswig und Holstein beanspruchen – ist das Land doch schließlich aus allen drei Herzogtümern und nicht nur den beiden größeren entstanden. Und Schleswig-Holstein insgesamt profitiert nicht gerade wenig von den Lauenburgern. Die Kasse des Bundeslandes wird zu einem überdurchschnittlichen Teil aus Steuern gefüllt, die wohlsituierte lauenburgische Unternehmen und Einwohner zahlen.
Früher hingegen war bekanntlich alles besser und Lauenburg in der Öffentlichkeit präsenter: Da führte nämlich kein Geringerer als der „Eiserne Kanzler" Otto von Bismarck den lauenburgischen Fürstentitel. Kaiser Wilhelm I. hatte diesen seiner rechten Hand zum Dank für die Gründung des Deutschen Reichs 1871 verliehen, nachdem Bismarck zuvor schon längere Zeit als preußischer Minister für Lauenburg gedient hatte. Der Sachsenwald, selbst heute noch 6000 Hektar groß und bedeutendster Forst des nördlichsten Bundeslands, gehörte zum kaiserlichen Präsent dazu. Als standesgemäße Residenz hatte Bismarck eigentlich Schloß Reinbek auserkoren, in den 1570er Jahren im Stil der niederländischen Renaissance als Nebensitz der Herzöge von Schleswig-Holstein-Gottorf erbaut. Doch die Kaufverhandlungen gestalteten sich schwieriger als gedacht, und so wählte der Fürst eine Alternative: In Friedrichsruh, Bahnhaltepunkt an der Strecke Hamburg–Berlin, erwarb er das Ausflugslokal „Frascati" und erweiterte es zum „Schloß Friedrichsruh". Jährlich mehrere Monate lang lenkte der Kanzler von dort aus die Regierungsgeschäfte. 1890 von Kaiser Wilhelm II. aus dem Amt gedrängt, blieb Bismarck ganz in seinem lauenburgischen Zuhause und wurde in der Umgangssprache „der Alte aus dem Sachsenwald". In welchen Massen Verehrer dem Reichsgründer dort bis zu seinem Tod 1898 die Aufwartung machten, wird gleich in zwei Museen am Ort deutlich: Das eine legt den Schwerpunkt auf Persönliches, das andere – eine Stiftung der Bundesrepublik Deutschland im Bahnhofsgebäude – stellt stärker das politische Lebenswerk Bismarcks heraus. Auf der anderen Seite des Bahndamms thront auf einer Erhebung das Mausoleum des Staatsmanns. Für historisch Uninteressierte lohnt ein Besuch des idyllisch in eine Au-Senke gekuschelten Ortes gleichermaßen: Bismarcks Nachfahren betreiben auf dem Schloßgelände einen überdachten Schmetterlings-Park. Auf über 600 Quadratmetern unter Glas verbreiten dort mehrere hundert Arten eine exotische Farbenpracht.
Nichts mehr übrig ist von dem Schloß des Kanzlers. Die heutigen von Bismarck leben in einem Nachfolgebau, da das alte Schloß in den letzten Tagen des Zweiten Weltkriegs einem Bombenangriff zum Opfer fiel.
Ausgerechnet in unmittelbarer Nachbarschaft hatte die Chemie einst den Durchbruch zur Entwicklung neuzeitlicher Sprengstofftechnik erzielt: In seiner Fabrik im zehn Kilometer entfernten Geesthacht erfand der schwedische Naturwissenschaftler und Industrielle Alfred Nobel 1867 das Dynamit. Durchweg friedlichen Zwecken dienen Energieformen, die die Kleinstadt an der Elbe heute freisetzt: Das Kernkraftwerk Krümmel hält die Millionenstadt Hamburg zu einem guten Teil in Betrieb, und gleiches gilt für das Elb-Pumpspeicherwerk: Das schöpft in Rohren nachts Wasser aus der Elbe den Hang hinauf, läßt es in einem Sammelbecken stehen – und zur Stromerzeugung in Spitzenzeiten durch das Elbuferkraftwerk zurück in den Fluß stürzen.
Ein ähnlich weiter Blick über die Elbe wie vom Pumpspeicherwerk bietet sich vom Höhenkranz der Stadt Lauenburg. In dieser strategisch günstigen Position 42 Meter über der Elbe liegt Lauenburgs Ursprung: Vor gut 800 Jahren entstand dort, vortrefflich zu verteidigen, die Lauenburg, die der ganzen Region ihren Namen gab. Bis diese Residenz 1616 abbrannte, regierten die Herzöge von Askanien von dort aus ihr kleines Reich. Obdachlos geworden, wichen sie nach Ratzeburg aus, das auch nach dem Aussterben des alten Fürstengeschlechts Hauptstadt des Herzogtums Lauenburg geblieben ist: Heute sitzt dort die Kreisverwaltung. Malerisch liegt Ratzeburg als eine der schönsten Städte Schleswig-Holsteins auf einer Insel zwischen vier Seen. Über allem thront der Dom, dessen Wurzeln bis in die Mitte des 12. Jahrhunderts zurückgehen und der das älteste romanische Gotteshaus aus Backstein im nördlichsten Bundesland ist. Der Bauherr, Herzog Heinrich der Löwe, hatte den Dom als Speerspitze gegen das Heidentum gedacht: Von hier aus wurde die Christianisierung des heutigen Mecklenburg in Angriff genommen. Die Verbindung mit dem östlichen

Anyone travelling eastward from Hamburg will come across a peculiar feature of republican Germany. As if the aristocracy and monarchy had been abolished only recently, place-name signs bear the words "Kreis Herzogtum Lauenburg" (Duchy of Lauenburg Administrative District). This aristocratic title should be interpreted as a small consolation for the omission of south-east Schleswig-Holstein from the federal state's name, even though this region would be just as much entitled to inclusion as Schleswig and Holstein. After all, the state comprises all three duchies, not only the two larger ones. What is more, Schleswig-Holstein as a whole benefits not a little from the people of Lauenburg. The federal state coffers are largely filled by taxes paid by Lauenburg companies and residents.
In the old days, as is well known, everything was better, and Lauenburg had a higher public profile. Those were the days when the "Iron Chancellor" Otto von Bismarck was prince of Lauenburg. Kaiser Wilhelm I awarded the title to his right-hand man in gratitude for the founding of the German Reich in 1871. Previously, Bismarck had served for a long time as Prussian minister for Lauenburg. The 6,000-hectare Sachsenwald, still the most important forest in Schleswig-Holstein, was part of the imperial gift. As a suitably prestigious residence, Bismarck actually chose Schloss Reinbek, which was built in the 1570s in the Dutch Renaissance style as a secondary residence of the dukes of Schleswig-Holstein-Gottorf. But negotiating the purchase turned out to be more difficult than anticipated, and so Prince Bismarck chose an alternative. He purchased the Frascati, a restaurant that catered for day-trippers, in Friedrichsruh, a train stop on the Hamburg-Berlin line, and had it extended into Schloss Friedrichsruh. The chancellor ran government business from Friedrichsruh for several months each year. Forced out of office in 1890 by Kaiser Wilhelm II, Bismarck retreated permanently to his Lauenburg home, which earned him the popular nickname "the old man from the Sachsenwald." Two local museums provide testimony to the number of admirers who came to pay their respects to the founder of the Reich until his death in 1898. One focuses on his private life, while the other, a Federal Republic of Germany

foundation in the old station building, places more emphasis on Bismarck's political work. Bismarck's mausoleum stands in splendid isolation on an elevation on the other side of the railway line. A visit to Friedrichsruh, idyllically situated in a hollow among the meadows, is equally worthwhile for those with no interest in history. In the castle grounds, Bismarck's successors run a covered butterfly park, where several hundred species spread their exotically coloured wings beneath more than 600 square metres of glass.

Nothing remains of Schloss Friedrichsruh. The present von Bismarcks live in its successor, because the old manor house fell victim to an air raid in the final days of World War II.

Not far away is the town that saw the chemical breakthrough which led to the development of modern explosives technology. Swedish scientist and industrialist Alfred Nobel invented dynamite in 1867 in his factory in Geesthacht, just ten kilometres down the road. Nowadays, the forms of energy released by the small town on the Elbe serve entirely peaceful purposes. Krümmel nuclear power station plays a substantial role in keeping the city of Hamburg with its two million inhabitants running. The same goes for the Elbe pump-storage power station. It pumps water from the Elbe up the slope at night, deposits it in a storage basin, and sends it plunging back into the river to generate electricity at peak demand times.

The town of Lauenburg's crown of hills provides a similarly broad view across the Elbe as the pump-storage power station. Lauenburg has its origins in this strategically favourable position 42 metres above the Elbe. The Lauenburg, the castle after which the county is named, was built there over 800 years ago, primarily for defence purposes. Until the castle burned down in 1616 the dukes of Ascania ruled their small duchy from it. Rendered homeless, they retreated to Ratzeburg, which remains the capital of the duchy of Lauenburg even though the old princely dynasty has died out. Nowadays it is the seat of the district council. Ratzeburg, one of the most beautiful towns in Schleswig-Holstein, is picturesquely situated on an island surrounded by four lakes. Towering above it is the cathedral, whose roots go back to the mid-12th century, making it the state's oldest

Celui qui quitte Hambourg en direction de l'est se voit confronté à une singularité de l'Allemagne républicaine: comme si noblesse et monarchie n'avaient pas été abolies depuis longtemps, les panneaux des agglomérations portent bien visible et tout naturellement l'inscription «district du duché de Lauenbourg». Le titre princier doit aider à surmonter un peu le fait que le sud-est du Schleswig-Holstein ait été oublié dans le nom de ce Land. Et pourtant cette région pourrait bien revendiquer le même droit que Schleswig et Holstein puisque ce Land est bien formé après tout des trois duchés et non pas seulement des deux plus grands. Et l'ensemble du Schleswig-Holstein profite plutôt bien des habitants du Lauenbourg. Ce sont les impôts que versent les entreprises et les habitants du Lauenbourg qui remplissent pour une part non négligeable les caisses du Land.

Dans le temps, par contre,– comme chacun sait – c'était bien mieux et le Lauenbourg jouait un rôle plus actif dans la vie publique: en effet, nul autre que le «chancelier de fer», Otto von Bismarck, détenait à cette époque le titre princier du Lauenbourg. L'empereur Guillaume Ier avait attribué ce titre à Bismarck, sa main droite, pour le remercier d'avoir réalisé en 1871 l'unité de l'Empire allemand après qu'il eut déjà rempli auparavant pendant assez longtemps les fonctions de ministre prussien en charge du Lauenbourg. La forêt de Saxe qui s'étend aujourd'hui encore sur 6 000 hectares et qui représente l'étendue boisée la plus importante du Land le plus au nord de l'Allemagne faisait partie du cadeau princier. Bismarck avait fait à l'origine le choix d'une résidence conforme à son statut: le château de Reinbek construit dans les années 1570 dans le style de la renaissance hollandaise comme résidence secondaire des ducs de Schleswig-Holstein-Gottorf. Les négociations pour acheter cette propriété s'avérèrent cependant difficiles ce pourquoi le prince dut prendre une autre décision: il acquit à Friedrichsruh, arrêt facultatif du train sur la ligne Hambourg-Berlin, le restaurant touristique «Frascati» et l'agrandit pour en faire le «château de Friedrichsruh». C'est là que le Chancelier dirigeait pendant plusieurs mois de l'année les affaires de l'Empire. Chassé de ses fonctions en 1890 par l'empereur Guillaume II, Bismarck se retira entièrement dans le Lauenbourg et on l'appela bientôt, dans le langage courant, le «vieux de la forêt de Saxe». Deux musées installés sur les lieux montrent bien quel grand nombre d'admirateurs vint sur place rendre hommage au fondateur de l'Empire jusqu'en 1898, date de sa mort; l'un des musées souligne les aspects personnels de la vie de Bismarck, l'autre – une fondation de la République Fédérale d'Allemagne située dans le bâtiment de la gare – retrace les temps forts de son œuvre politique. De l'autre côté de la ligne de remblai trône sur une butte le mausolée de cet homme d'Etat. Pour ceux qui ne s'intéressent pas à l'histoire, une visite de ce lieu blotti dans un cadre charmant dans un creux de l'Au est tout aussi intéressante: les descendants de Bismarck exploite sur le terrain du château un parc à papillons. Plusieurs centaines d'espèces de papillons déploient ici, dans une serre en verre de plus de 600 mètres carrés, tout un luxe de couleurs exotiques.

Du château du chancelier, il ne reste plus rien. Les von Bismarck d'aujourd'hui vivent dans une maison construite par la suite puisque l'ancien château fut victime des bombardements dans les derniers jours de la seconde guerre mondiale.

C'est tout près de là que le monde de la chimie avait jadis réussi une percée dans le développement de la technique des explosifs modernes: c'est dans sa fabrique de Geesthacht, à dix kilomètres de là, qu'Alfred Nobel, chimiste et industriel suédois, inventa la dynamite en 1867. Les formes d'énergie que libère aujourd'hui cette petite ville des bords de l'Elbe servent, sans exception, des fins pacifiques: la centrale nucléaire de Krümmel assure une part importante des besoins de la ville de Hambourg avec plus d'un million d'habitants; il en est de même pour la centrale électrique à accumulation par pompage de l'Elbe: elle pompe la nuit, par le biais de canalisations, l'eau de l'Elbe jusqu'en haut de la pente, la concentre dans un bassin de retenue puis la fait retomber via la centrale des bords de l'Elbe pour assurer la production d'électricité en période de pointe. De cette centrale électrique, la vue qui s'offre sur l'Elbe est tout aussi vaste que des collines de la ville de Lauenbourg. C'est sur ce site stratégique, à 42 mètres au dessus de l'Elbe, que se trouve l'origine de Lauenbourg: le château de Lauenbourg qui a donné son nom à toute la région y a été érigé voilà plus de 800 ans sur un site parfaitement adapté à assurer la défense du pays. C'est de cette résidence que les ducs Ascaniens gouvernèrent leur petit royaume jusqu'en 1616, date où elle fut détruite par le feu. Ayant perdu leur domicile, ils se rabat-

Nachbarn dauert bis in die Gegenwart an: Der Ratzeburger Dom ist nach wie vor Eigentum der Mecklenburgischen Landeskirche. Selbst Mecklenburgs 41-jährige Zugehörigkeit zur DDR hat daran nichts geändert. Für Bauunterhaltung und Personal muß allerdings Schleswig-Holsteins Nordelbische Kirche zahlen, denn sie hat den Nutzen vom Gotteshaus. Einen Ruf als kunstsinnige Stadt pflegt Ratzeburg mit dem Namen des Künstlers Ernst Barlach. Nicht nur, daß ihm das Haus, in dem er seine Jugend verbrachte, als Museum gewidmet ist – der größte expressionistische Bildhauer Deutschlands ist auch seinem letzten Willen gemäß in Ratzeburg bestattet.

Der Südpol Schleswig-Holsteins: Lauenburg an der Elbe

Schleswig-Holstein's "south pole": Lauenburg on the Elbe

Le pôle Sud du Schleswig-Holstein: Lauenbourg sur les bords de l'Elbe

Die Bildhauerei hat auch Mölln zu einem Touristenmagneten gemacht – allerdings nicht, weil der Künstler Karlheinz Goedtke so überaus bekannt wäre. In Mölln geht es um den Dargestellten: Der Schalk Till Eulenspiegel, in einem Atemzug mit Berufskollegen wie Baron von Münchhausen oder Don Quichotte zu nennen, ist in der Bronzefigur von 1950 dargestellt. Sie steht auf dem Markt, dort, wo der legendäre Narr im Mittelalter seinen Schabernack mit den Möllnern getrieben haben soll. Traurig jedoch ist der Anlaß, aus dem gerade Mölln dem wandernden Komiker die Reverenz erweist: Eulenspiegel wurde dort 1350 von der Pest dahingerafft. Sein absolut keimfreies Abbild aus Metall zu berühren – besonders am Daumen oder an der Schuhspitze – soll Glück bringen. Beide sind ganz blank von den vielen Händen, die sie täglich anfassen.
Mölln liegt nicht nur ziemlich genau im Zentrum des Herzogtums Lauenburg, sondern auch auf halber Strecke der Alten Salzstraße von Lüneburg nach Lübeck: Diese mittelalterliche Fernhandelsroute durchzieht das Herzogtum auf voller Länge in

Romanesque brick church. The man who ordered the cathedral to be built, Duke Henry the Lion, intended it to act as a spearhead against the heathen. It was used as a base for the Christianisation of present-day Mecklenburg. This connection with the neighbouring state to the east still exists: Ratzeburg Cathedral remains the property of the Mecklenburg state church, even though for 41 years Mecklenburg was part of Communist East Germany. Admittedly, Schleswig-Holstein's Nordelbische Kirche (North Elbe Church) has to pay for its upkeep and personnel, for it benefits from the church. Ratzeburg maintains a reputation as a town with a feeling for art, largely thanks to its association with the name Ernst Barlach. A museum in the house in which Germany's greatest Expressionist sculptor spent his youth is dedicated to his memory, and he is buried in Ratzeburg, in compliance with his last wish.
Sculpture has also given the town of Mölln a tourist attraction, though not because the

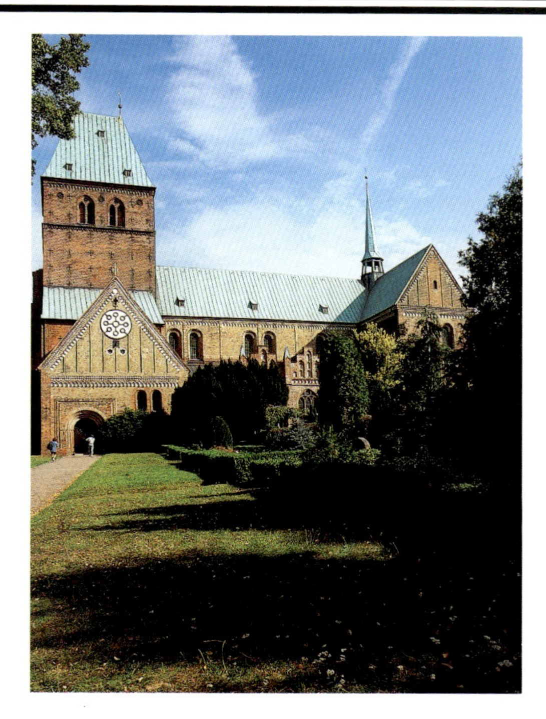

sculptor Karlheinz Goedtke was particularly well known. In Mölln, it is his subject that counts. A bronze statue dating from 1950 portrays the prankster Till Eulenspiegel, who can be said to rank with Baron von Münchhausen or Don Quixote. The statue stands on the market square, where the legendary jester is said to have played his pranks on the citizens of Mölln back in the Middle Ages. The reason why Mölln pays homage to this travelling joker is a sad one, however: Eulenspiegel died of the plague in the town in 1350. It is supposed to be lucky to touch his completely germ-free metal reincarnation, particularly on his thumbs or the toes of his shoes. Both have been polished to a shine by the numerous hands that touch them every day. Not only is Mölln situated more or less exactly in the centre of the duchy of Lauenburg, it is also in the middle of the old Salt Route. This mediaeval trading route runs right through the duchy from north to south and is named after the most important raw material that was trans-

Eine der ersten monumentalen Backsteinkirchen in ganz Norddeutschland: der Ratzeburger Dom, der bis auf die Zeit um 1160 zurückgeht

One of North Germany's first monumental redbrick churches: Ratzeburg Cathedral, which dates back to around 1160

L'une des premières églises monumentales de brique rouge de l'Allemagne du Nord: la cathédrale de Ratzebourg dont les origines remontent jusqu'à 1160 environ

tirent sur la ville de Ratzebourg qui est restée capitale du duché de Lauenbourg même après l'extinction de l'ancienne famille princière: c'est aujourd'hui le siège de l'administration du district. Ratzebourg, l'une des plus belles villes du Schleswig-Holstein, est située dans un cadre pittoresque sur une île entourée de quatre lacs. Tout en haut trône la cathédrale dont les origines remontent au milieu du 12ème siècle et qui est la plus ancienne Maison de Dieu romane en briques dans ce Land le plus nord de l'Allemagne. Le maître d'ouvrage, le duc Henri le Lion, avait conçu la cathédrale comme fer de lance contre le paganisme: c'est de là qu'a été entamée la christianisation de l'actuel Mecklembourg. Les liens avec son voisin à l'est perdurent jusqu'à nos jours: la cathédrale de Ratzebourg est restée la propriété de l'Eglise du Mecklembourg. Et les 41 années d'appartenance du Mecklembourg à la RDA n'y ont rien changé. C'est cependant l'Eglise de l'Elbe du Nord qui doit se charger des frais d'entretien et de personnel car c'est elle qui se sert de cette Maison de Dieu. Ratzebourg cultive son image de ville ouverte aux arts en avançant le nom d'Ernst Barlach. Non seulement la maison dans laquelle il passa sa jeunesse abrite un musée qui lui est consacré mais le plus grand sculpteur de l'expressionnisme allemand est aussi enterré à Ratzebourg conformément à sa dernière volonté.

La sculpture a aussi fait de Möln une attraction touristique – sans que l'artiste Karlheinz Goedtke jouisse toutefois d'une grande notoriété. A Mölln, c'est le modèle qui compte: Till l'Espiègle, plaisantin que l'on peut citer en même temps que ses collègues le baron de Münchhausen et Don Quichotte, a été sculpté en bronze en 1950. Cette sculpture orne la place du marché là où, selon la légende, les habitants de Mölln auraient été victimes des facéties de ce bouffon légendaire. Mais la révérence que fait Mölln à ce comique voyageur a un bien triste motif: c'est ici que Till l'Espiègle fut emporté par la peste en 1350. On raconte que toucher sa reproduction en métal, elle absolument stérile, porte bonheur – surtout si l'on caresse le pouce ou la pointe du soulier. Ils sont tous deux lustrés par les innombrables mains qui s'y posent chaque jour. Mölln n'est pas seulement située presque exactement au milieu du duché de Lauenbourg mais aussi au milieu de la Vieille Route du Sel: cette route de commerce du Moyen Âge traverse le duché sur toute sa longueur en direction nord-sud et est baptisée du nom de la matière première qui y était transportée. Si le sel n'a pour nos oreilles rien de spectaculaire, sa valeur était à l'époque proche de celle de l'or. Le sel était en effet le seul moyen de conserver les aliments. Il servait essentiellement à la conservation du hareng de la mer Baltique qui, au Moyen Âge, avait la fonction qu'à la viande aujourd'hui, à savoir un moyen d'alimentation de masse. Cela faisait du port autrefois international de Lübeck un très bon client des mines de sel de Lünebourg en Basse-Saxe et de la route entre les deux villes, la Route du Sel. Que le canal de Stecknitz ait été aménagé en 1398 le long de cette route de transport montre bien l'importance attachée aux échanges commerciaux. Sur cette première route fluviale artificielle de l'Allemagne, les marchandises pouvaient être transportées en plus grandes quantités, plus facilement et plus sûrement. Depuis 1900, le canal Elbe-Lübeck, plus large et plus profond, suit le cours de cette première voie.

Le duché de Lauenbourg présente un autre plan d'eau exceptionnel, le Schaalsee: ce chapelet de lacs pleins de charme est, avec 72 mètres, le lac le plus profond de la Plaine basse de l'Allemagne du Nord. Bismarck par-ci, Till l'Espiègle par-là, à notre époque médiatique, c'est surtout le manoir de Wotersen qui fait la réputation du Lauenbourg: cette maison de maître de la fin du baroque, aux dimensions de palais, a servi de décor à la série télévisée «La dynastie des Guldenburg» qui fut un grand succès. Longtemps après la fin de cette histoire pleine d'intrigues d'une dynastie de brasseurs, Wotersen

Eine Plastik von Ernst Barlach am Ratzeburger Dom

A sculpture by Ernst Barlach that graces Ratzeburg Cathedral

Une sculpture d'Ernst Barlach devant la cathédrale de Ratzebourg

Nord-Süd-Richtung und ist auf den Rohstoff getauft, der auf ihr vor allem transportiert wurde. So unspektakulär wie sich Salz für unsere Ohren anhört – seinerzeit kam sein Wert dem von Gold nahe, war Salz doch das einzige Mittel, um Lebensmittel haltbar zu machen. Insbesondere für den Ostseehering war es wichtig, der im Mittelalter die Funktion hatte, die heute das Fleisch besitzt: Massennahrungsmittel zu sein. Das machte den damaligen Welthafen Lübeck zu einem besonders guten Kunden der Salzminen im nahen niedersächsischen Lüneburg. Welcher Stellenwert dem Warenaustausch zukam, beweist die Tatsache, daß 1398 entlang der Transportroute eigens der Stecknitzkanal angelegt wurde. Auf der ersten künstlichen Wasserstraße Deutschlands ließen sich größere Mengen leichter und sicherer bewegen. Ihrem Verlauf folgt seit 1900 der breitere und tiefere Elbe-Lübeck-Kanal.
Mit dem Schaalsee bietet das Herzogtum Lauenburg ein weiteres außergewöhnliches Gewässer auf: Der reizvoll in zahlreiche Arme zerklüftete See ist mit 72 Metern der tiefste Norddeutschlands.

Glücksbringer für jeden, der ihn an der Stiefelspitze berührt: Narrenfigur Till Eulenspiegel auf dem Markt von Mölln

He brings luck to anyone who touches the toe of his boot: statue of the jester Till Eulenspiegel in Mölln marketsquare.

Elle porte bonheur à celui qui touche la pointe de sa botte: la statuette du bouffon Till l'Espiègle sur la place du marché de Mölln.

Bismarck hin, Till Eulenspiegel her – im Medienzeitalter am bekanntesten ist Lauenburg für das Herrenhaus Wotersen: Der spätbarocke Landsitz von palastartigen Ausmaßen gab den Schauplatz für die TV-Erfolgsserie „Das Erbe der Guldenburgs". Auch Jahre nach dem Ende der Intrigen-Geschichten aus einer Bierbrauer-Dynastie nutzt Wotersen seine Berühmtheit unter anderem als Kulisse für einen populären Weihnachtsmarkt sowie zahlreiche Konzerte.
Schon im Nachbarkreis Stormarn liegt das strahlend weiße Renaissance-„Schloß" Ahrensburg. Eigentlich dürfte es ebenso wie Wotersen für sich nur den Titel Herrenhaus reklamieren – waren doch beide nie Wohnsitz eines Fürsten, was allein ein Gebäude zu einem Schloß machen kann. Aber unter dem Eindruck von Größe und Pracht hat sich die höherrangige Bezeichnung trotzdem eingebürgert, und immerhin ist das Ahrensburger Wahrzeichen von 1595 die Kopie eines echten Schlosses: desjenigen von Glücksburg bei Flensburg, das gerade acht Jahre vorher fertig geworden war. Ahrensburg wiederholt die Form der aneinandergereihten drei Langhäuser mit je einem Turm an den Eckpunkten.
Das Schleswig-Holstein östlich von Hamburg beschließt nach oben hin Bad Segeberg. Sein Territorium ist einer von gerade mal einem Dutzend Fleckchen Erde in Schleswig-Holstein, die auch ohne die letzten beiden Eiszeiten über dem Meeresspiegel liegen würden: Bad Segebergs 91 Meter hoher Kalkberg stellt mit grob 250 Millionen Jahren eines der ältesten Stücke Erde im Land zwischen den Meeren dar. Viel wichtiger als die Geologie ist für den Bekanntheitsgrad der Stadt, was zu Füßen des Kalkbergs stattfindet: Seit 1952 reiten Winnetou, Old Shatterhand und andere Berühmtheiten aus Karl Mays Indianerabenteuern jeden Sommer über die Freilichtbühne mit naturgegebenem Wildwest-Flair. Die zwei Aufführungen pro Tag locken um die 16 000 Besucher – das sind so viele wie Bad Segeberg Einwohner hat.

ported along it. Salt may sound unspectacular to us, but in its day it was almost as valuable as gold because it was the only means of preserving food. This was particularly important for the Baltic herring, which in the Middle Ages was a staple foodstuff, playing much the same role as meat does today. As a result, Lübeck, then an international city, was a a particularly good customer of the salt mines in Lüneburg in Lower Saxony, and the route between the two towns became known as the Salt Route. The important role played by the goods trade in those days is demonstrated by the construction of the Stecknitz Canal, Germany's first artificial waterway, alongside the road in 1398, so that larger quantities could be transported more easily. Since 1900, the canal's course has been followed by the wider, deeper Elbe-Lübeck Canal.
The duchy of Lauenburg boasts another unusual stretch of water, the Schaalsee. This delightful lake with its deeply indented banks is 72 metres deep, making it the deepest lake in the North German plain. Forget about Bismarck and Till Eulenspiegel: in the media age, Lauenburg is best known for Schloss Wotersen. This late Baroque-style manor house of palatial dimensions was the backdrop for the successful TV series "Das Erbe der Guldenburgs" (The Guldenburgs' Heritage), which dealt with tales of intrigue in a beer-brewing dynasty. The series finished years ago, but Wotersen still takes advantage of its well-known name as a venue for a famous Christmas market and numerous concerts, among other things.
The radiant white Renaissance "palace" of Ahrensburg is in the neighbouring administrative district, Stormarn. Actually, like Wotersen, it should only lay claim to the title Herrenhaus, or manor house, because neither was ever the seat of a prince, and that is what makes a building into a Schloss, or palace. But due to the size and splendour of the building, the elevated title Schloss Ahrensburg caught on. Indeed, Ahrensburg's chief landmark, which dates back to 1595, is a copy of a real palace, Schloss Glücksburg near Flensburg, which was built just eight years earlier. Ahrensburg too is built in the form of three longhouses lined up together and surrounded by four towers.

Expreß-Weg zwischen Elbe und Ostsee: der Elbe-Lübeck-Kanal bei Berkenthin

Expressway from the Elbe to the Baltic: the Elbe-Lübeck canal at Berkenthin

Voie express entre l'Elbe et la mer Baltique: le canal Elbe-Lübeck à Berkenthin

Schleswig-Holstein east of Hamburg ends at Bad Segeberg, one of just a dozen or so places in Schleswig-Holstein that would have been above sea level even without the last two Ice Ages. Bad Segeberg's 91-meter Kalkberg, or Chalk Hill, is roughly 250 million years old, making it one of Schleswig-Holstein's most ancient sites. But what lies at the foot of the Kalkberg plays a far more important role than geology in making the town well-known: every summer since 1952, Winnetou, Old Shatterhand and other characters from Karl May's adventure stories about American Indians have ridden across an open-air stage to which nature has given a genuine aura of the Wild West. The two performances per day attract up to 16,000 visitors, which is the population of Bad Segeberg.

s'appuie encore sur cette notoriété pour servir de coulisse à un marché de Noël réputé et à nombre de concerts.
A Stormarn, le district voisin, se trouve aussi le «château» Renaissance d'Ahrensbourg éclatant de blancheur. A la vérité, il ne devrait se réclamer, tout comme Wotersen, que du titre de manoir puisque tous deux ne furent jamais la résidence d'un prince, ce qui seul peut faire d'un logis seigneurial un château. Mais sous l'effet de grandeur et de magnificence du château, cette appellation survalorisée est malgré tout passée dans les mœurs; cet emblème de la ville d'Ahrensbourg qui date de 1595 est malgré tout la copie d'un véritable château, le château de Glücksbourg près de Flensbourg dont la construction fut achevée huit ans plus tôt. Ahrensbourg reprend la forme des trois corps de bâtiments alignés flanqués de quatre tours d'angle.
Le Schleswig-Holstein à l'est de Hambourg se termine dans sa partie supérieure par Bad Segeberg. Son territoire compte parmi une petite douzaine de coins du Schleswig-Holstein qui s'étendraient au dessus du niveau de la mer même s'il n'y avait pas eu les deux dernières périodes glaciaires: avec 91 mètres de haut, le Kalkberg (mont calcaire) de Bad Segeberg est, avec environ 250 millions d'années, l'un des endroits les plus anciens du pays entre les mers. Plus important que la géologie, c'est ce qui se passe au pied du Kalkberg qui a fait le renom de la ville: depuis 1952, Winnetou, Old Shatterhand et d'autres personnages célèbres des histoires d'Indiens de Karl May galopent chaque été sur une scène de plein air dont l'ambiance de western naît de l'environnement lui-même. Les deux représentations qui ont lieu chaque jour attirent environ 16 000 visiteurs – autant que Bad Segeberg a d'habitants.

Mölln liegt am Schmalsee und ist dank seiner vielen Wälder ein beliebter Kurort.

Mölln is on the Schmalsee lake, and its many woods make it a popular health resort.

Mölln est située sur les rives du Schmalsee et est, grâce à ses nombreuses forêts, une station thermale appréciée.

Wie aus dem Märchen und trotzdem echt: das Ahrensburger Schloß vor den Toren Hamburgs. Den prächtigen Eindruck erzielt der Renaissance-Bau von 1595 mit vergleichsweise einfachen Mitteln: drei Langhäuser parallel aneinandergesetzt und an den vier Ecken jeweils ein schlankes Türmchen postiert. Abgeguckt war die Bauweise vom sehr ähnlichen Schloß Glücksburg im nördlichen Schleswig-Holstein, das wenige Jahre vorher fertig geworden war.

Like something out of a fairy tale, yet real: Schloss Ahrensburg just outside Hamburg. This Renaissance-style building, dating from 1595, achieves its magnificent impression with relatively simple means: three parallel longhouses with a slim turret at each corner. The idea was copied from the very similar Schloss Glücksburg in northern Schleswig-Holstein, which had been built a few years previously.

Il semble sortir d'un conte mais est cependant bien vrai: le château d'Ahrensbourg aux portes de Hambourg. L'apparence prestigieuse de cette construction de la Renaissance qui date de 1595 est obtenue par des moyens relativement simples: trois bâtiments en longueur placés parallèlement et, à chaque fois, aux quatre coins, une petite tour élégante. On avait pris modèle, pour bien réussir, sur le château très similaire de Glücksbourg dans le nord du Schleswig-Holstein, terminé lui quelques années auparavant.

Reichlich Wasser auch im Landesinnern: Man braucht in Schleswig-Holstein nicht an die Küste zu fahren, wenn man von erfrischendem Naß umgeben sein möchte. Besonders abwechslungsreich, da in zahlreiche Winkel zerklüftet, ist der Schaalsee im äußersten Südosten des Landes. An dem Gewässer geht Schleswig-Holstein in Mecklenburg-Vorpommern über – der östliche Teil des Sees zählt schon zum benachbarten Bundesland. In den 40 Jahren, in denen die DDR existierte, verlief der Eiserne Vorhang mit seinem Todesstreifen mitten durch die Idylle. Die jahrelange Randlage hat der Natur im Schaalsee-Gebiet eine große Artenvielfalt erhalten.

A wealth of water, even inland: In Schleswig-Holstein, you don't need to travel to the coast to be surrounded by refreshing water. Its heavily indented bank makes the Schaalsee, a lake in the extreme south-east of the state, particularly interesting and varied. The Schaalsee is on the border of Schleswig-Holstein and Mecklenburg, indeed the eastern part of the lake lies in the neighbouring state. During the 40 years' existence of the German Democratic Republic, the Iron Curtain, complete with death strip, ran right through this idyll. Thanks to its peripheral location, a large number of natural species have been preserved in the Schaalsee region.

De l'eau en abondance, même à l'intérieur du pays: dans le Schleswig-Holstein, on n'a pas besoin d'aller sur la côte pour être enveloppé par la fraîcheur de l'eau. Le Schaalsee, à l'extrémité sud-est du pays, offre une grande diversité puisque découpé en un chapelet de petits lacs. Ce plan d'eau du Schleswig-Holstein empiète sur le Mecklembourg-Poméranie-Occidentale – la partie orientale du lac fait déjà partie du land voisin. Le rideau de fer avec son no man's land de la mort a traversé ce pays de charme pendant les 40 années d'existence de la RDA. La position longtemps excentrée du Schaalsee a préservé la nature de cette région qui renferme une grande diversité d'espèces.

Daß ein Werbe-Slogan in die Alltagssprache eingeht, ist kein Phänomen unserer Zeit. Daß das schon im 19. Jahrhundert so war, beweist der Name der Landschaft zwischen Kiel und Lübeck: 1867 ersann ein Hotelier im dortigen Gremsmühlen am Kellersee den Lockruf „Holsteinische Schweiz", um Touristen zu ködern – wenig später hatte sich der alpine Vergleich als übliche geographische Bezeichnung für das kleine Paradies eingebürgert. Auf den meisten Landkarten sieht das Gebiet tatsächlich wie ein Hochgebirge aus – so auffallend dunkel, wie es im Vergleich zu den übrigen Regionen zwischen Nord- und Ostsee schraffiert ist. Die Realität kann zwar keine Eigernordwand bieten, sondern nur den 168 Meter hohen Bungsberg. Aber bei ihm handelt es sich immerhin um den höchsten Punkt Schleswig-Holsteins, und weil bekanntlich alles relativ ist, umweht die Erhebung aus Sicht der Nordlichter eben doch eine gebirgige Aura. Zumal im Winter, wenn dort an einem Gefälle von 17 Prozent ein Skilift Dienst tut.

Von der Dichte der Seen her stimmt der Vergleich mit der Ur-Schweiz auch bei Anlegen objektiver Maßstäbe. Mehr als 150 Gewässer gibt es hier, von denen der Plöner See mit 32 Quadratkilometern der größte ist. Auf seinem nördlichen Ufer liegt wie in einer ausgewachsenen Berggegend das einzige Höhenschloß des nördlichsten Bundeslandes: der weiße Palast von Plön. Majestätisch setzt er Stadt und See die Krone auf – ein Bild, das nicht zuletzt auf der endlos wirkenden Reihe zackenförmiger Giebel beruht, die sich entlang allen drei Gebäudeflügeln erstreckt. Das vom Optiker-König Günther Fielmann als Schulungszentrum genutzte Schloß ist ein Relikt der Zeit, als der Landstrich einen selbständigen Zwergstaat bildete: Während der größte Teil Europas vom Dreißigjährigen Krieg verwüstet wurde, errichtete Herzog Joachim Ernst von Schleswig-Holstein-Sonderburg-Plön die anspruchsvolle Residenz von 1633 bis 1636. Bereits 1761 war die Regentenlinie ausgestorben, aber kurz vor Abschaffung der Monarchie in Deutschland glomm in Plön noch einmal höfischer Glanz auf: Kaiser Wilhelm II. schickte seine sechs Söhne auf die preußische Kadettenakademie im Schloß. Ihr folgten im Dritten Reich eine Nationalpolitische Erziehungsanstalt und von der Nachkriegszeit bis Mitte 2001 ein zusehends schwächer besuchtes Internat in der Regie des Landes Schleswig-Holstein. Ein Rest von Hohenzollern ist noch immer vorhanden: Eine ausgedehnte Landzunge im Plöner See gehört nach wie vor der einst kaiserlichen Familie. Prinzeninsel heißt sie in Erinnerung an die landwirtschaftliche Grundausbildung, die die Hohenzollern-Sprößlinge hier neben ihrem Schulunterricht erhalten haben.

Im Herzen der Holsteinischen Schweiz: der Kellersee mit Wolkenspiegelung

In the heart of Holstein Switzerland: clouds reflected in the Kellersee lake

Au cœur de la Suisse du Holstein (Holsteinische Schweiz): le lac Kellersee où se mirent les nuages

Wer in der Holsteinischen Schweiz ein Schloß von innen besichtigen möchte, braucht nur knapp 20 Kilometer weiter zu fahren: In Eutin wartet die prächtige Residenz der einstigen Fürstbischöfe von Eutin-Lübeck auf Besucher. Ungeachtet der Reformation bestand dieses ursprünglich geistliche Territorium mehrere hundert Jahre selbständig weiter. Den kirchlichen Fürstentitel hatte man schlichtweg in einen weltlichen umgemünzt. Daß dadurch für lange Zeit ein eigener Hofstaat gesichert wurde, ist bis heute ein Glück für Eutin: Sonst hätte es den Touristenmagneten Carl-Maria-von-Weber-Festspiele, die allsommerlich auf der Freilichtbühne im Schloßgarten stattfinden, nicht ins Leben gerufen. Das Festival konnte die mit einer Fülle klassizistischer Bauten gesegnete Stadt nämlich nur erfinden, weil der berühmte Opern-Komponist als Sohn des Hofkapellmeisters der Residenz Eutin 1786 hier zur Welt gekommen ist. Zusammen mit dem Homer-Übersetzer Johann Heinrich Voß und dem Goethe-Porträtisten Johann Heinrich Wilhelm Tischbein wird Weber für den Ruf Eutins als „Weimar des Nordens", also als Metropole von Geistesgrößen, in Anspruch genommen. Daß der Komponist nur ein halbes Jahr als Säugling in der Seenstadt lebte, braucht man ja nicht so laut zu sagen.

Man könnte meinen, die ungewöhnlich enge Nachbarschaft der Schlösser Eutin und Plön habe auf die Umgebung abgefärbt –

Nowadays, it is nothing unusual for an advertising slogan to be assimilated into everyday language. The name of the area between Kiel and Lübeck proves that this was already so in the 19th century. Back in 1867, a hotelier in Gremsmühlen on the Kellersee lake thought up the catchy name "Holstein Switzerland" as a bait for tourists. Not long afterwards, this alpine simile had become established as the normal geographical description for this mini-paradise. Most maps make the region look really mountainous, because it is noticeably darker than the other regions between the North Sea and the Baltic. In reality, it boasts no Eiger north face, but only the 168-metre Bungsberg. Nonetheless, the Bungsberg is the highest point in Schleswig-Holstein, and, as is well known, everything is relative. So for northerners the elevation has a mountainous aura, especially in winter when a ski lift operates on a 17-per-cent incline. When it comes to the number of lakes, the comparison with Switzerland proper is appropriate, even when measured objectively. More than 150 stretches of water are gathered here, largest among them the 32-square-kilometre Plöner See (Lake Plön). On its northern bank, as if in a fully-fledged mountain region, stands Schleswig-Holstein's only hilltop palace. Schloss Plön majestically crowns both town and lake, an image that rests not least on the seemingly endless row of pointed gables stretching along all three wings of the white building. The palace, which is now used as a training centre by Günther Fielmann, boss of a chain of opticians' stores, is a relic of the era when this part of the country was an independent miniature state. Duke Joachim Ernst of Schleswig-Holstein-Sonderburg-Plön had this high-class residence built between 1633 and 1636, at a time when large parts of Europe were being devastated by the Thirty Years' War. His dynasty died out in 1761, but shortly before the abolition of the German monarchy, Plön experienced a brief revival of courtly splendour when Kaiser Wilhelm II sent his six sons to the Prussian cadet academy housed in the palace. The cadet school was followed in the Third Reich by a Nazi boarding school, and after the war until mid-2001 by a Schleswig-Holstein state-run boarding school with ever-dwindling student numbers. A trace of the Hohenzollerns, the German imperial dynasty, still remains, however. A long tongue of land in Lake Plön still belongs to the family.

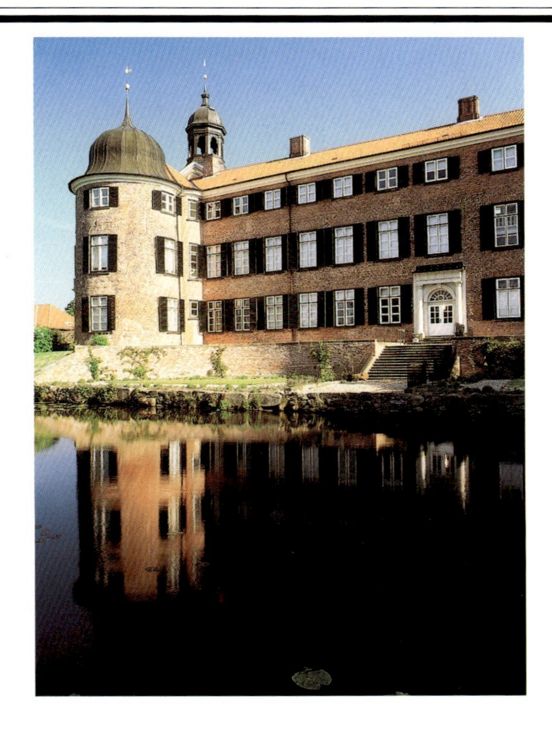

It is known as Prinzeninsel, or Prince's Island, in memory of the basic agricultural education which the Hohenzollern off-spring received there along with their school lessons. Those wishing to see a palace in Holstein Switzerland from the inside need only travel 20 kilometres on, to Eutin, where the magnificent residence of the former prince-bishops of Eutin-Lübeck awaits visitors. Notwithstanding the Reformation, this originally religious territory retained an independent existence for several hundred years longer by simply dropping the religious part of its princely title, leaving the secular "prince." That ensured the survival of an independent court for a long time, which was a stroke of luck for Eutin. Otherwise, it would not have given birth to the Carl Maria von Weber Festival, a tourist attraction that takes place every summer on the open-air stage in the palace grounds. The town, which is blessed with a wealth of Classicist-style buildings, was only able to conceive the festival because the famous opera composer was born in Eutin's princely residence in 1786. His father was the court's musical director. Along with Johann Heinrich Voss, the translator of Homer into German, and Heinrich Wilhelm Tischbein,

Einst Sitz von Fürstbischöfen, heute Museum: Schloß Eutin

Formerly the seat of prince bishops, now a museum: Schloss Eutin

Autrefois siège de princes-électeurs, musée de nos jours: le château d'Eutin

Qu'un slogan publicitaire passe dans le langage courant n'est pas un phénomène de notre époque. Le nom du paysage entre Kiel et Lübeck prouve que tel était déjà le cas au 19ème siècle: un hôtelier de Gremsmühlen sur les rives du lac Kellersee inventa en 1867, pour séduire les touristes, l'appellation alléchante de «Suisse du Holstein» (Holsteinische Schweiz) – peu après, cette comparaison alpine s'est établie comme la désignation géographique habituelle de ce petit paradis. Ce territoire ressemble en effet, sur la plupart des cartes géographiques, à une haute montage – tant les hachures sont étonnamment sombres en comparaison avec celles des autres régions situées entre Baltique et mer du Nord. La réalité n'a pas bien sûr un versant nord de l'Eiger à offrir mais seulement le mont Bungsberg, haut de 168 mètres. Mais il s'agit là quand même du point culminant du Schleswig-Holstein et puisque tout est relatif – comme chacun sait – aux yeux des Allemands du Nord, c'est malgré tout une aura de montagne qui flotte autour de cette éminence. En hiver surtout, lorsque sur une déclivité de 17 pour cent, le remonte-pente fait son travail.
Pour ce qui est de la densité des lacs, la comparaison avec la Suisse originale colle plutôt bien même en appliquant des critères objectifs. Plus de 150 plans d'eau se regroupent ici, le plus grand étant le lac de Plön avec 32 kilomètres carrés. Sur sa rive nord s'élève, comme dans une parfaite région de montagne, le seul château perché de ce Land le plus au nord de l'Allemagne: le palais blanc de Plön. Il vient majestueusement couronner la ville et le lac – une image qui naît notamment de la rangée que l'on croirait infinie de frontons en pointe qui ornent le bord des trois ailes de bâtiment. Ce château qui sert de centre de formation au roi des opticiens, Günther Fielmann, est un vestige de l'époque où cette contrée formait un état nain indépendant: alors que la plus grande partie de l'Europe était dévastée par la guerre de Trente Ans, le duc Joachim Ernst von Schleswig-Holstein-Sonderbourg-Plön érigea de 1633 à 36 cette résidence fastueuse. La lignée des souverains s'éteignit déjà en 1761 mais la somptuosité de la cour de Plön se raviva encore une fois dans les derniers moments de la monarchie: l'empereur Guillaume II envoya ses six fils à l'académie militaire prussienne qui résidait dans le château. Celui-ci abrita ensuite, pendant le IIIe Reich, une maison de «rééducation nationaliste» et, de l'après-guerre jusqu'au milieu de l'année 2001, un internat de moins en moins fréquenté, placé sous la tutelle du Land du Schweswig-Holstein. Il existe encore un reliquat des Hohenzollern: une langue de terre qui s'étend dans le lac de Plön

appartient aujourd'hui encore à l'ancienne famille impériale. Elle s'appelle l'île des Princes (Prinzeninsel) en souvenir de la formation agricole que recevaient ici les rejetons des Hohenzollern en plus de leur formation scolaire.
Celui qui désire visiter l'intérieur d'un château de la Suisse du Holstein, n'a même pas 20 kilomètres à faire: à Eutin, la splendide résidence des anciens princes-évêques d'Eutin-Lübeck est ouverte aux visiteurs. Malgré la réformation, ce territoire appartenant à l'origine au clergé a gardé son indépendance pendant plusieurs centaines d'années. Le titre princier ecclésiastique avait tout simplement été transformé en un titre laïque. Ceci permit à Eutin de conserver pendant longtemps sa propre cour et c'est jusqu'à nos jours une chance pour cette ville: elle n'aurait pas pu autrement donner naissance au festival Carl Maria von Weber qui, chaque été, sur la scène de plein air du jardin du château, attire nombre de touristes. Cette ville qui a la chance de renfermer un grand nombre d'édifices classiques ne pouvait en effet inventer ce festival que parce que ce célèbre compositeur d'opéras vit le jour en 1786 à la Résidence Eutin où son père était maître de chapelle. Weber va contribuer, conjointement avec le traducteur d'Homère, Johann Heinrich Voss, et le portraitiste de Goethe, Johann Heinrich Wilhelm Tischbein, à faire la réputation d'Eutin qui est celle d'une «Weimar du Nord», c.à.d. une métropole

Hier probt die Orchesterakademie des Schleswig-Holstein-Musik-Festivals: Herrenhaus Salzau östlich von Kiel.

This is where the Schleswig-Holstein Music Festival's orchestra academy practises: Salzau Manor east of Kiel.

C'est ici que répète l'Académie de musique orchestrale du festival de musique du Schleswig-Holstein: la propriété seigneuriale de Salzau à l'est de Kiel.

Triumphbogen der Ingenieurskunst: die Fehmarnsundbrücke verbindet Schleswig-Holsteins größte Insel mit dem Festland.

A triumphal arch to engineering skill: the bridge over the Fehmarn Sound links Schleswig-Holstein's largest island with the mainland.

Arc de triomphe de la technique: le pont de Fehmarnsund relie la plus grande île du Schleswig-Holstein avec la terre ferme.

dort stehen über 30 ähnlich stattliche Bauten: Herrenhäuser. Daß Ostholstein die höchste Dichte dieser landadligen Residenzen in Schleswig-Holstein besitzt, liegt daran, daß der Großgrundbesitz hier besonders ausgeprägt war. Obwohl die Herrenhäuser nie als landesherrliche Residenzen dienten, werden sie auf Grund ihrer festlichen Optik in der Umgangssprache teils trotzdem als Schloß bezeichnet wie zum Beispiel das besonders bekannte Salzau, Landeskulturzentrum und Sitz der Orchesterakademie des Schleswig-Holstein-Musik-Festivals.
Last but not least: In einem Punkt ist die Holsteinische der echten Schweiz sogar überlegen: Wer zur Abwechslung von Höhenzügen mal einen weiten Horizont braucht, kann ihn innerhalb von 20 Autominuten genießen: So schnell ist man wahlweise an der einsamen Kieler oder der touristischen Lübecker Bucht mit ihrer Kette berühmter Badeorte, darunter Travemünde, schon 1803 zum dritten offiziellen Seebad in Deutschland ernannt. Kaum länger dauert die Fahrt nach Fehmarn – nach Rügen und Usedom drittgrößte deutsche Insel und als Fährhafen der Vogelfluglinie Sprungbrett nach Skandinavien.

the painter of Goethe, Carl Maria von Weber enables Eutin to lay claim to being the "Weimar of the north," in other words a centre of intellectual genius. The fact that the composer lived in the town on the lakes for only half a year as a baby does not have to be proclaimed too loudly. The unusual proximity of the palaces of Eutin and Plön seems to have rubbed off on the surrounding area, which boasts more than 30 similarly stately manor houses. East Holstein has the highest density of such country seats in Schleswig-Holstein because ownership of large estates was particularly common here. Although the manor houses were

Repräsentativer Adelswohnsitz: Gut Wahlstorf im Kreis Plön

An imposing aristocratic residence: Wahlstorf Estate in Plön district

Impressionnante demeure aristocratique: le domaine de Wahlstorf dans le canton de Plön

never the seats of rulers, they are commonly dubbed "Schloss," or palace, on account of their formal appearance. One particularly well-known example is Salzau, a state cultural centre and headquarters of the Schleswig-Holstein Music Festival Orchestra Academy.
Last but not least, one should mention that in one way at least, Holstein Switzerland outdoes Switzerland proper. Those seeking a broad horizon as a change from chains of hills need only take a 20-minute car ride. That is how long it takes to reach either deserted Kiel Bay or tourist-oriented Lübeck Bay with its string of well-known bathing resorts. Among them is Travemünde, the third town in Germany to be officially designated as a bathing resort, back in 1803. The journey by ferry to Fehmarn takes little longer. Fehmarn is the third-largest German island after Rügen and Usedom and, as a ferry port for the Vogelfluglinie shipping line, a springboard to Scandinavia.

des grands esprits. Il n'est pas nécessaire d'insister trop lourdement sur le fait que ce compositeur ne passa que les six premiers mois de sa vie dans cette ville lacustre.
On pourrait penser que la proximité inhabituelle des châteaux d'Eutin et de Plön a déteint sur les environs – on y trouve plus de 30 constructions également imposantes: des propriétés seigneuriales. Que le Holstein de l'Est possède la plus forte concentration de résidences de la noblesse de province du Schleswig-Holstein tient au fait que la tendance à la grande propriété était ici particulièrement prononcée. C'est parce qu'elles sont d'apparence si somptueuse que ces maisons de maître – bien qu'elles n'aient jamais servi de résidence à un souverain sont malgré tout qualifiées pour certaines de châteaux dans le langage courant; citons par exemple Salzau, l'un des plus connus, centre culturel du Land et siège de l'Académie de musique orchestrale du festival de musique du Schleswig-Holstein.
Last but not least: la Suisse du Holstein surpasse même en un point la Suisse véritable. Celui qui, pour changer, veut jouir un moment d'un horizon à perte de vue, n'a besoin que de 20 minutes: c'est le temps qu'il faut en voiture pour rejoindre soit la baie solitaire de Kiel soit celle, touristique, de Lübeck avec son chapelet de célèbres stations balnéaires dont Travemünde qui fut nommée en 1803 déjà troisième station balnéaire officielle de l'Allemagne. Il faut à peine plus longtemps pour se rendre à Fehmarn, troisième île allemande de par sa taille après Rügen et Usedom et tremplin pour la Scandinavie si l'on prend le ferry-boat de la compagnie «Vogelfluglinie» .

Exklusive „Badewanne“: Nobelbad Timmendorfer Strand an der Lübecker Bucht

An exclusive "bathtub": Timmendorfer Strand, an up-market seaside resort on the Bay of Lübeck

Une «baignoire» très chic: la station balnéaire mondaine de Timmendorfer Strand dans la baie de Lübeck

Einziges Höhenschloß Schleswig-Holsteins: Der strahlend weiße Palast von Plön thront hoch über der Stadt – eine Lage, wie sie Fürstenbauten sonst nur im gebirgigen Süddeutschland besitzen. In der einstigen Kadettenanstalt im Schloß wurden die Söhne des letzten deutschen Kaisers, Wilhelms II., erzogen. Bis zum Jahr 2001 diente das Gebäude als Internat, dann erwarb es der Augenoptiker Günther Fielmann, um ein Schulungszentrum für seinen Berufsstand einzurichten. Das Schloß bietet einen Panoramablick über Schleswig-Holsteins größtes Binnengewässer, den 32 Quadratkilometer weiten Plöner See.

Schleswig-Holstein's only hilltop castle: The gleaming white palace of Plön sits in splendid isolation above the town, the type of location that princely seats otherwise only possess in mountainous South Germany. The sons of Germany's last Kaiser, Wilhelm II, were educated in the former cadet school in the palace. Until 2001, the building was a boarding school. Optician Günther Fielmann then bought it and turned it into a training centre for his profession. The palace has a panoramic view of Schleswig-Holstein's largest stretch of inland water, the 32-square-kilometre Plöner See.

Seul château perché du Schleswig-Holstein: le palais resplendissant de blancheur de Plön trône au dessus de la ville – une position que n'ont les constructions princières que dans le sud montagneux de l'Allemagne. C'est à l'école militaire qu'abritait autrefois le château qu'ont été éduqués les fils du dernier empereur allemand, Guillaume II. Ce bâtiment a servi d'internat jusqu'en 2001 puis a été acheté par l'opticien Günther Fielmann pour y installer un centre de formation pour son corps de métier. Le château offre une vue panoramique sur le plus grand plan d'eau du Schleswig-Holstein, le lac de Plön grand de 32 kilomètres carrés.

Pferdeland Schleswig-Holstein: Das Land zwischen den Meeren ist für alle eine der ersten Adressen in Deutschland, die mit Reiten zu tun haben. Die Blüte von Pferdezucht und Reitsport wird durch die Zunahme der Vierbeiner im Lande deutlich: die Zahl der Pferde ist in Schleswig-Holstein seit 1970 von 18 000 auf 55 000 emporgeschnellt. Holsteiner Pferde finden sich auf den obersten Plätzen der Weltrangliste der Sportpferde. Besonders idyllische Weiden finden sich in der Holsteinischen Schweiz, hier im Bild.

Schleswig-Holstein, a region of horses: The state between the seas is one of the best places in Germany for people who have anything to do with riding. Horse breeding and riding are flourishing, as the increase in the number of quadrupeds in the country shows. It has escalated from 18,000 to 55,000 since 1970. Holstein racehorses and competition horses occupy top places in the world rankings. Holstein Switzerland boasts some particularly idyllic horse pastures, like that in the picture.

Le Schleswig-Holstein, pays de chevaux: ce land entre deux mers est pour ceux qui s'occupent d'équitation une adresse de premier choix. L'importance croissante que prennent l'élevage des chevaux et le sport hippique va de pair avec l'augmentation du nombre des chevaux: depuis 1970, il a grimpé dans le Schleswig-Holstein de 18 000 à 55 000. Les chevaux du Holstein occupent les premières places dans le classement mondial des chevaux de course. On trouve dans la Suisse du Holstein (Holsteinische Schweiz) des prés particulièrement charmants comme ici sur la photo.

Man riecht die Frische beim bloßen Betrachten: Ostsee-Brandung mit Fischerbooten und Schäfchenwolken vor Schönberg östlich von Kiel. Auch wenn die Nordlichter überwiegend nur noch im Nebenerwerb mit Netzen auf Fang gehen, die Fischerei gehört nach wie vor zum Erscheinungsbild der Küste. So malerisch der Anblick des Strands wirkt – die vielen Fähnchen auf dem linken Boot sind natürlich nicht zur Zierde da. Bei der nächsten Ausfahrt wird der Fischer damit die Eckpunkte seiner Netze markieren, damit Wassersportler nicht durch sie hindurchfahren.

You only have to look at it to smell freshness: Baltic surf with fishing-boats and fleecy clouds off Schönberg, east of Kiel. Fishing with nets is largely a sideline these days, but fishing is still an integral part of the coast's appearance. Picturesque though this seaside view may be, the many small flags on the left-hand boat are not purely for decoration. The fisherman will use them on his next trip to mark the edges of his nets, so that water sports enthusiasts steer clear of them.

On sent la fraîcheur avec le seul regard: déferlement des vagues de la Baltique sur la côte non loin de Schönberg, à l'est de Kiel avec bateaux de pêche et nuages moutonnés. Même si la pêche au filet n'est plus en général pour les Allemands du Nord qu'une activité annexe, elle continue à faire partire de l'image de la côte. La vue de la plage est vraiment pittoresque – les nombreux petits drapeaux sur le bateau de gauche ne sont pas là bien sûr à de simples fins décoratives. Le pêcheur s'en servira, lorsqu'il repartira en mer, pour marquer la position de ses filets afin qu'ils ne soient pas traversés par ceux qui pratiquent un sport aquatique.

poca
SCHÖN 1

Nicht nur an Nord- und Ostsee gibt sich Schleswig-Holstein maritim – dieser Hauptcharakterzug des nördlichsten Bundeslandes geht so weit, daß Container-und Kreuzfahrtschiffe selbst im Binnenland Küsten-Flair verbreiten. Wenn sich Deckaufbauten zwischen Feldern und Wiesen hindurchschieben, könnte der Betrachter glauben, die dicken Pötte durchkreuzten Schleswig-Holstein ohne die berühmte Handbreit Wasser unterm Kiel. Natürlich ist es eine optische Täuschung: Wer die vermeintlichen Zauberschiffe aus nächster Nähe zu Gesicht bekommt, erkennt, daß sie durchaus im Wasser schwimmen – nur ist dieses mit einem Kilometer Breite verhältnismäßig schmal. Anders sieht es mit der Länge aus: Für die kann man zwei Nullen dranhängen. Auf 100 Kilometern schlängelt sich das blaue Band von Kiel nach Brunsbüttel. Nord-Ostsee-Kanal nennen die Schleswig-Holsteiner die künstliche Wasserstraße nach den Meeren, die sie verbindet. Die jährlich fast 40 000 Schiffe aus über 80 Ländern, die den Schnellweg zwischen Nord- und Ostsee benutzen, tun dies jedoch unter dem Namen „Kiel-Canal“: So ist die 1895 eingeweihte Route kurz, knapp und englisch in internationalen Seekarten verzeichnet, und unter diesem Namen ist sie bekannter als der Panama- oder Suezkanal. Denn nicht etwa diese beiden werden am häufigsten frequentiert, sondern der Graben quer durch Schleswig-Holstein ist die am stärksten befahrene künstliche Wasserstraße der Welt.

So gern die Einheimischen es auch glauben würden: Die viele Kundschaft kommt nicht, weil es rechts und links des Ufers so schön ist, sondern weil sich die Passage rechnet: Der Kanal erspart allen Pendlern zwischen Nord- und Ostsee 250 Seemeilen, die nötig wären, um die Nordspitze Jütlands zu umschiffen. Da akzeptieren die Reeder auch gerne das Tempolimit von 15 Stundenkilometern, das für die Kanaldurchfahrt gilt, damit der Wellenschlag die Uferböschung nicht beschädigt.

Die gemächliche Geschwindigkeit macht es den Kanal-Anrainern möglich, vor ihrer Haustür einen Hauch der weiten Welt zu schnuppern. Besonders geeignet ist dafür die Terrasse der Schiffsbegrüßungsanlage in Rendsburg: Dort gibt es als Zugabe zur schönen Aussicht aus dem Lautsprecher die Nationalhymne, die zum jeweils vorbeiziehenden Kanal-Passagier paßt.

Mindestens genauso stolz wie auf seine Lage am Kanal ist Rendsburg auf die Bauten, mit denen es die Teilung der Stadt durch die Wasserstraße wieder aufgehoben hat: Als Wahrzeichen thront 50 Meter über der Stadt die längste Eisenbahnhochbrücke Europas. 12,5 Kilometer mißt der stählerne Prachtbau, von denen zehn Auf- und Abfahrtstrecke sind – im Flachland gibt es keine natürlichen Höhenmeter, die der Ingenieurkunst eine Starthilfe gewähren könnten. An der Brücke mit Drahtseilen aufgehängt, gondelt eine Schwebefähre über den Kanal. Wer sein Auto lieber selbst lenken will, fährt weiter unten durch einen vierspurigen Straßentunnel oder daneben über die Autobahnbrücke auf der Rader Insel. Einen Fußgängertunnel mit Westeuropas längsten Rolltreppen hat die Sammlung der Verkehrswege auch noch im Angebot.

Auf einen Verkehrsknotenpunkt reduzieren läßt sich Rendsburg jedoch keineswegs: Die Innenstadt ist eine der sehenswertesten Schleswig-Holsteins. Seinesgleichen sucht der sternförmig angelegte Festungsstadtteil Neuwerk, ein Chef d'Œuvre und Freilichtmuseum des nordischen Klassizismus.

Ein Meisterwerk aus derselben Stilepoche liegt südwestlich der Stadt im Naturpark Westensee: Emkendorf genießt unter den über 100 Herrenhäusern Schleswig-Holsteins den Ruf des Vorzeigeobjekts schlechthin. Dem architektonischen Rang des adligen Landsitzes entspricht seine geistige Tradition: So bekannte Dichter wie Friedrich Gottlieb Klopstock und Matthias Claudius lebten und arbeiteten dort.

Den Kontrapunkt zum Schöngeistigen verkörpert die Metropole Mittelholsteins, Neumünster: Die Stadt, im Zentrum Schleswig-Holsteins gelegen, gilt als Werkbank des Landes. Bis in die 1960er Jahre hinein bestand hier über mehr als zwei Jahrhunderte das größte Zentrum der Tuch- und Lederindustrie in Norddeutschland, ein kontinentales Manchester. Literarisch verarbeitet hat die sozialen Schattenseiten Neumünsters zur Zeit der Weimarer Republik Hans Fallada in seinem Roman „Bauern, Bonzen, Bomben“. Material für dieses Buch hatte er während seiner Beschäftigung als Zeitungs-Angestellter in Neumünster gesammelt.

Schleswig-Holstein's maritime aspect is not confined to the North Sea and the Baltic. The main feature of the northernmost federal state is so pronounced that container vessels and cruise ships even bring a coastal aura inland. Seeing upper decks pushing their way between fields and meadows, an observer could think the big tubs were crossing Schleswig-Holstein without the proverbial hand's breadth of water beneath their keels. Of course, that is an optical illusion. Anyone seeing these supposedly magic ships close up realises that they are afloat, but on a relatively narrow stretch of water, measuring just 100 metres from bank to bank. In terms of length, it is a different matter, and you can add three zeros. The blue ribbon winds its way for 100 kilometres from Kiel to Brunsbüttel. Schleswig-Holsteiners call this artificial waterway the Nord-Ostsee-Kanal, or North-Baltic Sea Canal, after the two seas that it joins, its starting and finishing points. For the nearly 40,000 ships from more than 80 countries that use the fast route between North Sea and Baltic Sea, however, it is the Kiel Canal. That is the shorter English name that appears on international sea charts of the canal that was opened in 1895, and the name by which it is better-known than the Panama or Suez canals. For it is not they, but the trench through the middle of Schleswig-Holstein, that is the world's busiest artificial waterway.

Though the locals might like to think so, this large clientele does not use the canal because the countryside to right and left is so attractive, but because it is economical to do so. The canal saves all commuters between North Sea and Baltic the 250 nautical miles they would otherwise have to sail round the northern tip of Jutland. So shipping lines are happy to accept the canal's 15 kilometre per hour speed limit, imposed to prevent the vessels' wash from damaging the embankment.

This leisurely speed enables people along the canal to catch a breath of the big, wide world on their doorstep. One particularly good place for doing so is the terrace of the ship welcoming station in Rendsburg. There, as an encore to the fine view, a loud-

speaker blares out the national anthem of each vessel as it sails past. Rendsburg is proud of its location on the canal, and almost as proud of the varied nature of the structures by which it has overcome the canal's dividing effect. Rendsburg's emblem, towering 50 metres above the town, is the longest elevated railway bridge in Europe. This magnificent steel structure is 12.5 kilometres long, of which ten kilometres are taken up by the approach and descent runs, because the flat countryside offers no natural elevation to give a starting boost to the engineers' craft. Hanging from the bridge by steel cables, a suspension ferry crosses the canal. Those who prefer to drive their cars across do so through a four-lane road tunnel much further along, or over the

Reich an historischen Sehenswürdigkeiten: das Stadtbild von Rendsburg

Rich in historic places of interest: Rendsburg's townscape

Riche en sites historiques: la ville de Rendsbourg

Le Schleswig-Holstein n'a pas seulement des accents maritimes sur les bords de la mer du Nord et de la Baltique – cette caractéristique principale du Land le plus au nord de l'Allemagne va même si loin que les navires porte-conteneurs et les bateaux de croisière donnent même aux terres intérieures une atmosphère de littoral. Lorsque les superstructures des navires se fraient un passage à travers les champs et les prairies, l'observateur pourrait croire que ces gros navires traversent le Schleswig-Holstein sans avoir sous leur quille le fameux pied de pilote. C'est là bien sûr une illusion d'optique: celui qui a l'occasion de voir de très près ces soi-disant bateaux magiques reconnaît qu'ils flottent bien sur l'eau mais qu'elle est là, avec une largeur de 100 mètres, relativement étroite. Il n'en est pas de même pour la longueur: on peut pour celle-ci ajouter trois zéros: c'est sur 100 kilomètres que le ruban bleu va serpentant de Kiel à Brunsbüttel. Les habitants du Schleswig-Holstein appellent cette voie d'eau artificielle d'après les mers qu'elle relie, le canal Mer du Nord-Mer Baltique. Point de départ et point final. Les quelque 40 000 bateaux en provenance de plus de 80 pays qui empruntent cette voie rapide entre mer du Nord et mer Baltique le font cependant sous le nom de «Kiel-Canal»: c'est ainsi que cette route inaugurée en 1895 est mentionnée dans les cartes marines internationales, une appellation courte, concise et anglaise et elle est sous ce nom plus connue que le canal de Panamá ou le canal de Suez. Car la voie d'eau artificielle la plus fréquentée du monde n'est pas, comme on pourrait le croire, l'un de ces deux derniers mais bien le fossé qui traverse le Schleswig-Holstein.

Même si les habitants de cette contrée aimeraient bien le croire: tous ces clients ne viennent pas parce que les rives sont si belles de part et d'autre mais parce que le passage est rentable: le canal permet à tous ceux qui font la navette entre mer du Nord et mer Baltique d'économiser les 250 milles marins qui seraient nécessaires pour faire en bateau le tour par la pointe nord du Jylland. Pour cela, les armateurs acceptent aussi volontiers la limitation de vitesse de 15 kilomètres heure qui est en vigueur pour la traversée du canal. Sinon le choc des vagues endommagerait les rives.

La lenteur des déplacements permet aux riverains du canal de respirer devant leur porte un peu du vaste monde. A Rendsbourg, la terrasse d'où sont salués les navires s'y prête tout particulièrement bien: on peut jouir là d'une vue splendide en écoutant l'hymne national annoncé par haut-parleur pour chaque bateau qui transite par le canal. La fierté de Rendsbourg repose tout autant sur sa position en bordure de canal que sur l'importance des constructions qui permirent de surmonter l'effet de coupure créé par la voie d'eau: emblème de la ville, le viaduc ferroviaire le plus long d'Europe domine la ville du haut de ses 50 mètres. Cette splendide construction en acier mesure 12,5 kilomètres dont dix sont constitués par des bretelles d'accès et de sortie – en pays plat, il n'existe pas de mètres d'altitude naturels qui pourraient aider l'ingénieur dans son savoir-faire. Attaché au pont par des câbles métalliques, un pont transbordeur se trimbale au dessus du canal. Celui qui préfère rester au volant de sa voiture, passe encore bien plus bas par un tunnel routier à quatre voies ou bien, tout près, sur le pont de l'autoroute de l'île de Rade. A cette collection de voies de circulation vient encore s'ajouter un tunnel piétons dont les escaliers mécaniques sont les plus longs de l'Europe de l'Ouest.

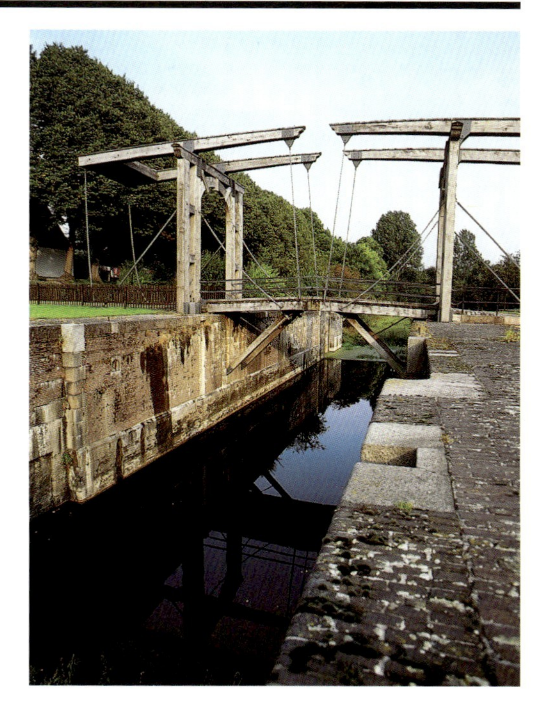

Vorläufer des Nord-Ostsee-Kanals: der Eider-Kanal, schon 1784 eröffnet. Hier die historische Schleuse von Kluvensiek

Predecessor to the Kiel Canal: the Eider Canal was opened back in 1784. The picture shows the historic lock at Kluvensiek.

Précurseur du canal de Kiel: le canal sur l'Eider, inauguré en 1784. Ici, l'écluse historique de Kluvensiek

Aufgehängt an der Eisenbahnhochbrücke, überquert die Schwebefähre den Nord-Ostsee-Kanal in Rendsburg.

Hanging from the overhead railway bridge, the suspension ferry crosses the Kiel Canal in Rendsburg.

Suspendu au viaduc ferroviaire, le pont transbordeur traverse à Rendsbourg le canal qui relie la mer du Nord à la mer Baltique.

Seitdem Europa Kleidung vorzugsweise in billigeren Übersee-Werken produzieren läßt, geht Neumünster keineswegs in Sack und Asche: Unternehmen der Elektro-Technik, der Bio- und Medizintechnologie sowie der Computerbranche schossen und schießen hier wie Pilze aus dem Boden, und von den vier größten Städten Schleswig-Holsteins verzeichnet Neumünster als einzige eine steigende Einwohnerzahl: Bei 82 000 Menschen fehlen nicht mehr viel – und der Emporkömmling hat Flensburg (87 000 Einwohner) von Rang Nr. 3 verdrängt.

neighbouring autobahn bridge on Rader Island. Rendsburg's collection of canal crossings also includes a pedestrian tunnel with Western Europe's longest escalators.
Nevertheless, Rendsburg is definitely more than a traffic intersection. The city centre is one of the most interesting in Schleswig-Holstein. Neuwerk, the star-shaped fortified district, a masterpiece and open-air museum of Nordic Classicism, is unequalled far and wide.
A masterpiece from the same stylistic epoch lies south-west of the town in the Westensee nature park. Among Schleswig-Holstein's 100-plus manor houses, Emkendorf enjoys the reputation of being the number one showpiece. This high-class country seat boasts an intellectual tradition in keeping with its architectural rank: well-known poets like Friedrich Gottlieb Klopstock and Matthias Claudius lived and worked there.
Neumünster, the largest town in Central Holstein, is a counterpoint to this aestheticism. The most centrally located town in Schleswig-Holstein is regarded as the state's workbench. For more than 200 years, right up until the 1960s, it was North Germany's largest centre of the cloth and leather industry, a continental Manchester. In his novel "Bauern, Bonzen, Bomben" (Farmers, Bigwigs, Bombs), Hans Fallada portrayed Neumünster's social downside in the days of the Weimar Republic, based on the impressions he gained while working for a Neumünster newspaper. Europe now prefers to buy clothes produced in cheaper, foreign factories, but Neumünster is far from

Im Festungsstadtteil Neuwerk: Paradeplatz in Rendsburg

In the Neuwerk fortress district: the parade ground in Rendsburg

Dans le quartier fortifié de Neuwerk: esplanade (Paradeplatz) à Rendsbourg.

falling into ruins. Electrical engineering, biotechnology, medical technology and computer firms are mushrooming, and Neumünster is the only one of Schleswig-Holstein's four largest towns where the population is increasing. With 82,000 residents, this parvenu is close to overtaking Flensburg, which has 87,000.

Mittelpunkt eines gleichnamigen Naturparks: der Westensee zwischen Rendsburg und Kiel

The focal point of a nature park which bears its name: Westensee lake between Rendsburg and Kiel

Au centre du parc naturel qui porte son nom: le lac Westensee entre Kiel et Rendsbourg

On ne peut cependant en aucun cas réduire Rendsbourg à un simple nœud de communication: le centre ville est l'un des plus remarquables du Schleswig-Holstein. Le quartier fortifié de Neuwerk, construit en forme d'étoile, ne trouve nulle part ailleurs son égal; c'est un véritable chef d'œuvre et un musée vivant du classicisme nordique.
Un chef d'œuvre de la même époque se trouve au sud-ouest de la ville, dans le parc naturel de Westensee: parmi les demeures seigneuriales du Schleswig-Holstein au nombre de plus de 100, Emkendorf a la réputation d'être l'objet modèle par excellence. La valeur architectonique de cette demeure aristocratique correspond à sa tradition spirituelle: c'est là que vécurent et travaillèrent des poètes aussi connus que Friedrich Gottlieb Klopstock et Mattias Claudius.
Neumünster, métropole du centre du Holstein, est en contrepoint du monde des belles-lettres: cette ville située au cœur du Schleswig-Holstein passe pour être l'établi du pays. Il y avait ici, depuis plus de deux siècles et jusqu'au milieu des années 60, le plus grand centre de l'industrie du drap et du cuir de l'Allemagne du Nord, un Manchester du continent. C'est Hans Fallada qui dans son roman «Paysans, bonzes et bombes» a dépeint les aspects négatifs de la vie sociale de Neumünster à l'époque de la république de Weimar. L'auteur avait recueilli les impressions qui ont servi à ce livre alors qu'il travaillait pour un journal de Neumünster. Depuis que l'Europe préfère installer sa production de vêtements dans des usines bon marché d'outre-mer, Neumünster n'est pas du tout été réduite à néant: des entreprises du domaine de l'électrotechnique, de la biotechnologie, de la technologie médicale et du secteur informatique poussaient et poussent encore ici comme des champignons et, des quatre plus grandes villes du Schleswig-Holstein, Neumünster est la seule à enregistrer une augmentation de sa population: avec 82 000 habitants, il ne manque plus grand-chose pour que ce parvenu dépasse Flensbourg (87 000 habitants).

Understatement nach außen, innen Malereien und Stuck von der Pracht italienischer Schlösser: das Herrenhaus Emkendorf in der Nähe des Westensees erhielt seine heutige Gestalt in den 1790er Jahren. Im späten 18. Jahrhundert war das klassizistische Baudenkmal feste Adresse für Künstler von Rang. Hausherr Friedrich Graf Reventlow und Gattin Julia beherbergten die Dichter Matthias Claudius und Friedrich Gottlieb Klopstock. Heute pulsiert das Kulturleben erneut auf Emkendorf – wenn das Schleswig-Holstein-Musik-Festival in der noblen Kulisse zu seinen „Musikfesten auf dem Lande" ruft.

Understatement on the outside, an interior of Italianate splendour, complete with paintings and stucco: Emkendorf Manor in Central Holstein, not far from the Westensee, acquired its present appearance in the 1790s. In the late 18th century this classicist architectural monument was the haunt of well-known artists. Writers Matthias Claudius and Friedrich Gottlieb Klopstock spent their summers here with the master of the house, Friedrich Count Reventlow, and his wife Julia. Now, Emkendorf vibrates with cultural life again when the Schleswig-Holstein Music Festival invites music-lovers to "music festivals in the country" against this elegant backdrop.

A l'extérieur simplicité apparente, à l'intérieur peintures et stucs d'une splendeur égale à celle des châteaux italiens: l'apparence actuelle de la maison de maître d'Emkendorf, à proximité du lac Westensee dans le centre du Holstein, remonte aux années 1790. Cette construction historique classique était à la fin du XVIIIe siècle un lieu de rencontre d'artistes réputés. Le maître des lieux, comte Friedrich Reventlow et son épouse Julia ont accueilli en été les poètes Matthias Claudius et Friedrich Gottlieb Klopstock. Aujourd'hui à Emkendorf la vie culturelle bat de nouveau son plein, lorsque le festival de musique du Schleswig-Holstein invite à assister aux «fêtes musicales de campagne».

Blaues Band quer durch Schleswig-Holstein: Der 100 Kilometer lange Nord-Ostsee-Kanal ist der kürzeste Wasserweg zwischen den beiden Meeren. Wer ihn mit seinem Schiff befährt, erspart sich den zeitaufwendigen Umweg um die dänische Halbinsel Jütland. Ein Angebot, das dankbar angenommen wird – mit rund 40 000 Schiffen pro Jahr ist der Kanal die am meisten befahrene künstliche Wasserstraße der Welt. Allerdings gilt ein Tempolimit: Ganze 15 Stundenkilometer dürfen die Passanten fahren – bei 100 Meter Breite kann es leicht eng werden, und die Uferböschung verträgt keinen Wellengang auf so kurzer Distanz.

A blue ribbon right through Schleswig-Holstein: The 100-kilometre-long Kiel Canal is the shortest route by water from the North Sea to the Baltic. Those who sail along it save themselves a time-consuming detour around Denmark's Jutland peninsula. It is certainly a popular option: with around 40,000 ships a year the canal is the world's busiest man-made waterway. It does have a speed limit, however. Ships passing through may travel at no more than 15 kilometres per hour, because its 100-metre breadth can make things a tight squeeze, and the embankment cannot withstand the vessels' wash from such a short distance.

Ruban bleu à travers le Schleswig-Holstein: le canal de Kiel, long de 100 kilomètres, est la voie d'eau la plus courte entre la mer du Nord et la mer Baltique. Celui qui emprunte cette voie en bateau évite le détour bien plus long par la presqu'île danoise de Jylland. Une offre bien volontiers acceptée – avec quelque 40 000 bateaux par an, le canal est la voie d'eau artificielle la plus fréquentée au monde. La vitesse y est cependant limitée: les bateaux ne doivent pas ici dépasser 15 kilomètres-heure – avec une largeur de 100 mètres, il faut viser juste et les rives ne supportent pas de remous sur une si courte distance.

Dänischer Wohld – also Wald – heißt die Landschaft nördlich von Kiel, und nur 50 Kilometer Luftlinie weiter beginnt tatsächlich Dänemark. Bis zu den anderen skandinavischen Ländern ist es ungleich weiter, doch das hindert einen Badeort auf dieser Halbinsel zwischen Kieler Förde und Eckernförder Bucht nicht, sich Schwedeneck zu nennen – im Dreißigjährigen Krieg unterhielten die schwedischen Truppen hier eine Nachschub-Bastion. Schwedenecks Endsilbe ist im Namen Eckernförde der Anfang. Das könnte eine Anspielung auf die Lage des Städtchens im Winkel einer fast rechteckigen Bucht sein, leitet sich aber tatsächlich von ausgesprochen vielen Bucheckern ab, die der dichte Baumbestand der Region einst lieferte – „Wohld" eben. Wer seinen Blick über den Hafen Eckernfördes schweifen läßt, nimmt optisch den nordischen Faden wieder auf, den Bezeichnungen wie Dänischer Wohld und Schwedeneck ausgelegt haben: Rotgestrichene Holzbauten, wie für Skandinavien typisch, prägen die Szenerie. Von hier kommt eine der bekanntesten Spezialitäten Schleswig-Holsteins: Die „Kieler Sprotten" wurden Mitte des 19. Jahrhunderts nämlich im Eckernförder Hafen „erfunden". Nur besaß die Stadt damals noch keinen Bahnhof. So traten die köstlich geräucherten Heringe ihre Export-Reise vom nächstgelegenen Schienen-Anschluß Kiel an. Folglich bekamen sie dessen Verladestempel auf die Kisten gedrückt – und wo immer deren goldig glänzender Inhalt auch ausgepackt wurde, mußte man glauben, er stamme aus Kiel.

Auch wenn Eckernförde einerseits geschäftiger Mittelpunkt der Gegend ist, zudem auch einige Industrie sein eigen nennt und als Garnisonsstandort dient, hat es sich doch andererseits den Charme eines ruhigen Erholungsorts bewahrt. Die langgezogene Anlage der Stadt um die Bucht herum macht das ungestörte Nebeneinander der entgegengesetzten Charakterzüge möglich. Seit 1831 schon ist Eckernförde Seebad und damit eines der ältesten in Schleswig-Holstein.

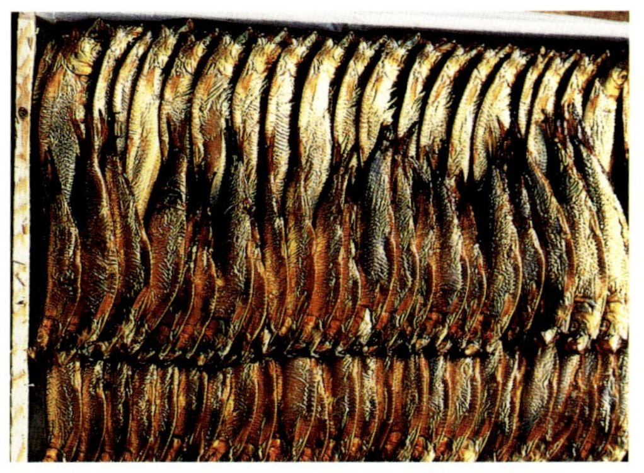

Stammt ihrem Namen zum Trotz aus Eckernförde: Räucherfisch-Spezialität „Kieler Sprotten"

Despite the name, they come from Eckernförde: "Kiel sprats," a smoked-fish speciality.

Ils sont, en dépit de leur nom, originaires d'Eckernförde: les «sprats de Kiel», une spécialité de poisson fumé.

Vielseitig bleibt es, wendet man sich dem Binnenland zu: Zwei Kilometer Fahrt, und das Flachland verwandelt sich in eine Berglandschaft – jedenfalls nach schleswig-holsteinischem Maßstab. Bis auf 106 Meter reichen die Hüttener Berge hinauf, die, ringsum von Tiefebene umgeben, einen Hauch von Harz besitzen. Da der höchste Gipfel, der Scheelsberg, mit militärischer Meßtechnik vollgestellt ist, hat das zivile Publikum mehr vom Aschberg (96 Meter). Ausdauerndster Genießer des Panoramablicks ist Bismarck: Mit einem sechseinhalb Meter hohen Denkmal ist der Reichsgründer dort oben verewigt. Für ihn ist der Aschberg eine Art Asyl – die Statue war ursprünglich für den Knivsberg nördlich von Flensburg errichtet worden, als Symbol des Triumphs dafür, daß das dortige Nordschleswig 1864 von Dänemark unter preußische Verwaltung gekommen war. Als die Grenze 1920 in einer Volksabstimmung wieder etwas nach Süden, auf den heutigen Verlauf, verschoben wurde, war für das deutsche Nationalsymbol die Ausreise fällig. Besonders reizvoll fällt die Perspektive vom Aschberg in Richtung Norden aus: Dort schlängelt sich die Schlei wie ein blaues Band durch die kuppenreiche Landschaft. Mal wie zu einem See geweitet, mal auf Flußbreite verschmälert, wirkt das 40 Kilometer lange Naß wie ein Binnengewässer und ist doch ein Seitenarm der Ostsee. Seit 1872 allerdings wird die Verbindung der Schlei zum offenen Meer nur noch künstlich aufrechterhalten – ohne menschliches Zutun hätte eine Nehrung beide Gewässer voneinander abgeriegelt. Gespeist wurde und wird der Strandwall an der Schleimündung von Erdreich, das bei Oststurm weiter südlich von den Steilküsten Schwansens abbricht. So heißt die schlanke Halbinsel, die die Schlei einerseits und die Eckernförder Bucht andererseits bilden. Die Landschaft hat noch immer den Charme vergangener Zeiten – außer der Bundesstraße 203 und der Betonferiensiedlung Damp hat die Moderne keine nennenswerten Spuren hinterlassen. Die Gegend ist rein dörflich geprägt und weist eine ungewöhnlich hohe Dichte stattlicher Herrenhäuser auf – Zeugen feudaler Gutswirt-

The countryside north of Kiel is known as the Dänischer Wohld, or Danish Wood. Just 50 kilometres further as the crow flies, Denmark begins. The other Scandinavian countries are much further away, but that does not stop a bathing resort on this peninsula between the Kiel Firth and Eckernförde Bay from calling itself Schwedeneck (Swedish Corner). Swedish troops kept a supply base there during the Thirty Years' War. The last syllable of Schwedeneck's name is the first of Eckernförde's. This could be a reference to the little town's location in the corner of an almost rectangular bay, but in fact it derives from the large quantities of beech-nuts, known in German as Buchecker, once supplied by the region's dense woods – the "Wohld." Those who allow their gaze to roam over Eckernförde harbour will pick up the Nordic thread spun by names like Dänischer Wohld and Schwedeneck: the scenery is characterised by red-painted wooden buildings of the kind typically seen in Scandinavia. One of Schleswig-Holstein's best-known culinary specialities has its origins here. The famous "Kieler Sprotten," or Kiel sprats, were first produced in Eckenförde harbour in the mid-19th century. In those days, however, the town had no railway station, so the delicious smoked herrings began their export journey in Kiel, the nearest railroad link. That is how they came to have a Kiel loading mark stamped on their crates. Consequently, wherever their gold-gleaming contents were unpacked, people thought they came from Kiel.

Despite being the region's bustling capital, having its own industry and serving as a garrison town, Eckenförde has retained the charm of a peaceful holiday resort. These contradictory features are made possible by the way the town's buildings are strung round the bay. Eckernförde has been a seaside bathing resort since 1831, making it one of the oldest in Schleswig-Holstein. The variety continues if one turns inland. Just two kilometres' drive and the flat countryside is transformed into highlands, at least by Schleswig-Holstein standards. The Hüttener Berge, or Hütten Hills, rise to 106 metres above sea level and are surrounded by a lowland plain, giving them an air of the Harz Mountains in Lower Saxony. The highest summit, the Scheelsberg, is chock

full of military measuring apparatus, so the general public gains more from the 96-metre Aschberg. The panoramic view from the top has been enjoyed longest by Bismarck: a 6.5-metre monument of the founder of the Reich immortalises his memory. For Bismarck, the Aschberg is a kind of refuge. The statue was originally erected on the Knivsberg north of Flensburg as a triumphant symbol that the region of North Schleswig had been ceded by Denmark to Prussia in 1864. When the border was shifted back southward to its present position after a referendum in 1920, it was time for the German national symbol to leave the country. The view from the Aschberg to the north is particularly delightful. There, the Schlei winds like a blue ribbon through the hilly countryside. Sometimes widening out almost into a lake, sometimes narrow like a river, this 40-kilometre-long stretch of water looks like an inland waterway, yet it is an arm of the Baltic Sea. Since 1872, admittedly, the Schlei's link with the open sea has been preserved artificially: without human intervention, a sand-bar would have separated them. The Schlei estuary embankment is fed by soil that breaks away during easterly storms from the cliffs of Schwansen to the south. Schwansen is a slender peninsula formed by the Schlei on one side and

Kleinod ländlicher Baukultur: St.-Johannis-Armenstift von 1742 in Damp in Schwansen

A jewel of rural architecture: St. John's almshouse in Damp, Schwansen, dates from 1742.

Joyau de l'architecture paysanne: l'asile St. Jean fondé en 1742 à Damp dans le Schwansen

Dänischer Wohld – forêt danoise – tel est le nom du paysage qui s'étend au nord de Kiel. A tout juste 50 kilomètres à vol d'oiseau commence le Danemark. Les autres pays scandinaves sont largement plus loin mais cela n'empêche pas une station balnéaire de la presqu'île située entre la baie de Kiel (Kieler Förde) et celle d'Eckernförde (Eckernförder Bucht) de porter le nom de Schwedeneck (angle suédois) – pendant la guerre de Trente Ans, les troupes suédoises entretenaient ici un bastion pour le ravitaillement. C'est avec la dernière syllabe du nom Schwedeneck que commence le nom Eckernförde. Cela pourrait faire allusion à la situation de cette petite ville à l'angle d'une baie presque rectangulaire mais vient en réalité du nombre particulièrement important de faines (Buchecker) que livrait autrefois un peuplement forestier très touffu – un «Wohld», précisément.

Celui dont le regard vagabonde au delà du port d'Eckernförde reprend des yeux le fil du Nord que des noms tels que Dänischer Wohld et Schwedeneck avait déjà déroulé: le paysage est caractérisé par des constructions de bois peintes en rouge telles qu'on les trouve en Scandinavie. C'est ici que se trouvent les origines de l'une des spécialités les plus connues du Schleswig-Holstein: les célèbres «sprats de Kiel» ont en effet été inventés au milieu du 19e siècle dans le port d'Eckernförde. Mais la ville n'avait pas encore à cette époque de raccordement ferroviaire. Voilà pourquoi l'exportation de ces harengs délicieusement fumés se faisait de Kiel, la gare la plus proche. Ils portaient par conséquent le cachet de cette ville sur leurs caisses – et quelque soit l'endroit où leur contenu d'un doré brillant était déballé, on devait croire qu'il provenait de Kiel.

Même si Eckernförde est d'une part la capitale dynamique de cette région, qu'elle a aussi quelques industries à son actif et qu'elle est ville de garnison, elle a su cependant garder le charme d'un lieu de villégiature paisible. L'étalement de la ville tout autour de la baie permet une cohabitation pacifique d'éléments très disparates. En 1831, Eckernförde était déjà une station balnéaire et est donc l'une des plus anciennes du Schleswig-Holstein.

Si l'on se tourne vers l'intérieur des terres, l'image reste plus variée: deux kilomètres en voiture et le plat pays se transforme en un paysage de montage – en tout cas, considéré à l'échelle du Schleswig-Holstein. Les Hüttener Berge atteignent jusqu'à 106 mètres et, avec la plaine basse tout autour, évoquent un peu les montagnes du Harz. Alors que le plus haut sommet, le Scheelsberg, est accaparé par la métrologie militaire, le mont Aschberg (96 mètres) est lui à la disposition des civils. L'admirateur le plus persévérant de ce splendide panorama reste Bismarck: un mémorial d'une hauteur de 6 mètres et demi a immortalisé sur ce sommet le fondateur de l'empire. Pour lui, le mont Aschberg est en quelque sorte une terre d'asile – la statue avait été construite à l'origine pour le mont Knivsberg, au nord de Flensbourg, comme un symbole de victoire puisque le nord du Schleswig était passé en 1864 du Danemark à la Prusse. Lorsqu'en 1920 la frontière fut, après plébiscite, déplacée vers le sud, à sa position actuelle, il ne resta plus à ce symbole national qu'à quitter le territoire. Une perspective particulièrement charmante s'offre du mont Aschberg en direction du Nord: c'est à travers un paysage mamelonné que serpente comme un ruban bleu la Schlei. Sur une longueur de 40 kilomètres, l'eau s'élargit parfois pour former des lacs ou bien s'amenuise pour redevenir fleuve et ressemble ainsi à une eau intérieure alors qu'il s'agit bien d'un bras secondaire de la mer Baltique. Depuis 1872 cependant, la Schlei n'est plus reliée qu'artificiellement à la mer – sans la participation de l'homme, une langue de terre aurait séparé ces deux plans d'eau l'un de l'autre. Ce rempart de sable à l'embouchure de la Schlei se nourrissait et se nourrit encore de la terre qui, lorsque la tempête souffle de l'est, se détache plus au sud des falaises du Schwansen. C'est ainsi que s'appelle l'étroite péninsule formée par la Schlei d'une part et par la baie d'Eckernförde de l'autre. Le paysage a encore gardé ici le charme de ce que l'on

Hervorgegangen aus einer mittelalterlichen Wasserburg: barockes Herrenhaus Ludwigsburg bei Eckernförde

The Baroque manor of Ludwigsburg near Eckernförde has its roots in a mediaeval castle surrounded by water.

Née d'un château moyenâgeux entouré d'eau, la maison de maître baroque de Ludwigsbourg près d'Eckernförde

schaft, für die Schwansen eine Hochburg war. Von den Schwansenern noch heute mit „Hoheit" angesprochen wird das Oberhaupt der einstigen landesfürstlichen Familie Schleswig-Holsteins: Christoph Prinz zu Schleswig-Holstein-Sonderburg-Glücksburg lebt im Herrenhaus Grünholz auf dem Gemeindegebiet Thumbys. Eine Perle in seinem weitverzweigten Großgrundbesitz ist Sieseby an der Schlei: Es besteht durchweg aus reetgedeckten Häusern des 19. Jahrhunderts und ist architektonisch so wertvoll, daß die Landesregierung Sieseby als ersten Ort Schleswig-Holsteins flächendeckend unter Denkmalschutz gestellt hat. Ebenfalls zum Besitz derer zu Schleswig-Holstein-Sonderburg-Glücksburg zählt Schloß Louisenlund. Die 1772 errichtete einstige Sommerresidenz des dänischen Statthalters im Herzogtum Schleswig guckt auf die Große Breite, die Schlei-Partie, an der sich das Gewässer am stärksten weitet. Schöner lernen an der Ostsee lautet hier das Motto: Louisenlund beherbergt ein privates Internat, das in einem Atemzug mit dem berühmten Landschulheim Salem in Süddeutschland genannt wird.

Noch mehr Schloß gibt es in Schleswig: Dort thront im äußersten Winkel der Schlei als größtes und mächtigstes Schloß des nördlichsten Bundeslandes Gottorf. Von 1161 bis 1703 ist es, wieder und wieder umgebaut, entstanden. Man kann vom „Louvre" Schleswig-Holsteins sprechen: In dem weißen Barock-Palast residieren die Landesmuseen für Kunst- und Kulturgeschichte sowie Archäologie. Sie knüpfen an die kulturelle Blüte an, in der Gottorf unter der

Beschaulich-nordisches Flair: der Bilderbuchhafen von Eckernförde

Eckernförde's picture-book harbour has a tranquil Nordic aura.

Son aura de calme nordique invite à la contemplation: le ravissant port d'Eckernförde.

Eckernförde Bay on the other. The countryside retains many features of what people like to call the good old days. Apart from federal highway 203 and the concrete holiday camp at Damp, the modern age has left no notable traces. The region is completely rural and has an unusually high density of stately manor houses, testimony to the feudal estate farming of which Schwansen was a stronghold. The people of Schwansen still address the head of the former ruling family of Schleswig-Holstein as "Highness." Prince Christoph of Schleswig-Holstein-Sonderburg-Glücksburg lives at Grünholz Manor in the parish of Thumbys. One tourist jewel on his ramified estates is Sieseby on the Schlei, which consists entirely of thatched houses dating from the 19th century. It is architecturally so valuable that the state government placed the entire village under a conservation order, making it the first place in the state to acquire this status.

Another Schleswig-Holstein-Sonderburg-Glücksburg possession is Schloss Louisenlund. Erected in 1772 as a summer residence for the Danish governor of the duchy of Schleswig, it overlooks the widest part of the Schlei, the Grosse Breite (Great Broad). The motto here is "it's nicer learning on the Schlei." Louisenlund houses a private boarding school that is named in the same breath as the famous school at Salem in South Germany. Schleswig boasts yet another palace. There, in the outermost corner of the Schlei, Schloss Gottorf, the largest and mightiest palace in Schleswig-Holstein, reigns in splendid isolation. Dating from between 1161 and 1703, it underwent repeated alterations. One could call it Schleswig-Holstein's Louvre: the white Baroque palace houses the State Museums of Art, Cultural History and Archaeology. They hark back to the cultural heyday when Gottorf was ruled by Duke Friedrich III (1616–1659). Its highlight in those days was the world-famous Gottorf Globe. A predecessor of the planetarium, it could carry the weight of ten people, showed Earth on the outside and the stars on the inside, and revolved, driven by water-power. It now stands in St Petersburg.
But the globe represents just one chapter in Schleswig's glorious past. The town at the end of the Schlei is no less than the oldest in northern Europe. The Vikings founded Schleswig's predecessor, Haithabu, back in 800. The settlement's ring-shaped fortification can still be seen. What took place inside

Internat Louisenlund in einem Palais von 1772

Louisenlund boarding school, housed in a palace built in 1772

L'internat de Louisenlund dans un palais de 1772

célèbre volontiers comme le bon vieux temps: mis à part la route nationale 203 et les lotissements de béton de la station balnéaire de Damp, les temps modernes n'ont pas laissé ici de traces notables. Cette région est purement rurale et possède une abondance exceptionnelle de somptueuses maisons seigneuriales – vestiges du régime féodal dont le Schwansen était l'un des hauts lieux. A la tête de l'ancienne famille princière du Schleswig-Holstein, le prince Christoph zu Schleswig-Holstein-Sonderbourg-Glücksbourg vit dans sa demeure de Grünholz qui est rattachée à la commune de Thumby et est appelé aujourd'hui encore «Altesse» par les habitants du Schwansen. Sur sa propriété très ramifiée se trouve sur les bords de la Schlei Sieseby, un véritable joyau touristique: il est constitué sans exception de maisons aux toits de chaume du 19e siècle dont la valeur architectonique est si grande que le gouvernement du Land a classé tout le village monument historique, fait unique dans le Schleswig-Holstein.
Le château de Louisenlund fait lui aussi partie de la propriété de la famille des zu Schleswig-Holstein-Sonderbourg-Glücksbourg. Cette ancienne résidence d'été du gouverneur danois du duché de Schleswig, érigée en 1772, a vue sur la Große Breite, cette partie de la Schlei où l'eau est la plus large. Faire une scolarité en beauté sur les bords de la Baltique, telle est ici la devise: Louisenlund abrite un internat privé que l'on cite d'une même traite que le célèbre pensionnat de Salem dans le sud de l'Allemagne.

Et c'est encore un château que l'on trouve à Schleswig: c'est là que trône, au fin fond de la Schlei, le château de Gottorf, le plus grand et le plus imposant du Schleswig-Holstein. Sans cesse transformé, son édification se fit de 1161 à 1703. On peut parler ici d'un «Louvre» du Schleswig-Holstein: ce palais baroque blanc abrite les Musées régionaux

Gab dem ganzen nördlichen Landesteil seinen Namen: die Stadt Schleswig an der Schlei. Vorne links Schloß Gottorf, vorne rechts der frühere Sitz der preußischen Provinzialregierung Schleswig-Holsteins

It gave its name to the whole northern part of the state: the town of Schleswig on the Schlei. To the left in the foreground is Schloss Gottorf, to the right the former seat of the Prussian provincial government of Schleswig-Holstein.

Elle donna son nom à la partie la plus septentrionale du land: la ville de Schleswig sur les rives de la Schlei. Devant, à gauche, le château de Gottorf, devant à droite l'ancienne résidence du gouvernement régional prusse du Schleswig-Holstein

Regierung Herzog Friedrichs III. (1616-1659) stand. Weltberühmt war damals der Gottorfer Globus. Dieser Vorläufer des Planetariums, der zehn Personen faßte, zeigt außen die Erdoberfläche, innen die Gestirne und drehte sich, angetrieben von Wasserkraft. Heute steht er in St. Petersburg.
Aber die Wunder-Kugel stellt nur ein Kapitel aus Schleswigs großer Vergangenheit dar. Die Stadt am Endpunkt der Schlei ist die älteste in Nordeuropa: Im Jahr 800 gründeten die Wikinger Schleswigs Vorgänger Haithabu. Dessen ringförmiger Verteidigungswall steht bis heute; was sich darin abgespielt hat, macht das Wikinger-Museum gleich nebenan deutlich. Die Seefahrertradition ist schon von außen sichtbar: Die Architektur des Museums stilisiert kieloben liegende Schiffe, und innen ist ein originales Vorbild zu besichtigen.
Doch wer all die Museen Schleswigs besucht hat, hat das kulturelle Pflichtprogramm noch nicht zu Ende absolviert: Der St.-Petri-Dom zählt unbedingt dazu. Vor allem wegen des berühmten Brüggemann-Altars (1514–21). Er gilt als Hauptwerk norddeutscher Schnitzkunst. 400 Figuren, deren Pracht ohne jede Bemalung allein aus der kunstvollen Bearbeitung des Eichenholzes heraus wirkt, erzählen die Geschichte Jesu. Mit einem herrlichen Panoramablick wird belohnt, wer sich die Mühe macht, den 112 Meter hohen Turm zu besteigen. Er überragt das Gotteshaus erst seit 1894 und gehört zu einer Reihe von Bauten, die Schleswig zu einer repräsentativen Hauptstadt der preußischen Provinz Schleswig-Holstein machen sollten. Deren Regierung hatte Bismarck dort 1867 nach dem gewonnenen Krieg gegen Dänemark eingerichtet. Machtzentrale wurde ein Palast im Stil der italienischen Neo-Renaissance. Heute verhilft er dem schleswig-holsteinischen Oberlandesgericht zu einer schmucken Adresse.
Schloß, Dom, Gerichtsgebäude, mehrere alte Adelspaläste des früheren Hofstaats, die romantische Fischersiedlung Holm – Schleswig könnte nur schön sein, wenn nicht seine Kommunalpolitiker in den 1960er Jahren New York hätten spielen wollen: Sie genehmigten den Bau des höchsten Hochhauses Schleswig-Holsteins: Auf 28 Geschosse summiert sich der „Wikingturm“ und dominiert die Silhouette der Stadt.
Nordöstlich von Schleswig erstreckt sich nach dem Dänischen Wohld und Schwansen die dritte und größte Halbinsel der nördlichen Ostseeküste: Angeln. Schlei, offene Ostsee und Flensburger Förde umschließen diese liebliche Landschaft. Das Gelände ist noch stärker in sanfte Kuppen gegliedert als das der Nachbarregionen, und nirgendwo sonst in Schleswig-Holstein durchziehen so viele Wallhecken die Szenerie wie hier. Die Nordlichter nennen sie „Knicks“ – weil ihr Bewuchs im Abstand von wenigen Jahren zurückgeschnitten, also „geknickt“ wird. Dadurch bleiben die Hecken dicht, halten den Wind von den Feldern ab und das Vieh auf der Weide. Eine dermaßen von der Landwirtschaft geprägte Gegend wie Angeln hat ihre eigenen Rassen hervorgebracht: das rote Angler Rind und das fast ausgestorbene, vor einem Jahrzehnt wiederentdeckte Angler Sattelschwein sind in Agrarier-Kreisen über die Grenzen Deutschlands hinaus ein Begriff.
Angeln hat aber einen noch ungleich bekannteren Namen hervorgebracht: England (= Angelland). Der größte Teil Großbritanniens wurde nach Menschen benannt, die aus der Region zwischen Schlei und Förde im 4. und 5. Jahrhundert n. Chr. dorthin ausgewandert waren. Der britische Kirchenchronist Beda und der römische Landeskundler Tacitus weisen es übereinstimmend nach. Auf der Insel war nach dem Abzug der römischen Besatzer ein Machtvakuum entstanden, das die Angeln lockte.

In der Form kieloben liegender Schiffe: Wikinger-Museum Haithabu

Built in the shape of upturned ships: the Viking Museum in Haithabu

En forme de bateaux couchés la quille en l'air: le musée viking d'Haithabu

it is vividly illustrated by the adjacent Viking Museum. The Vikings' seafaring tradition is visible even from the outside. The museum is built to look like upturned ships, and an original model is on show inside.
Even after visiting Schleswig's third museum, the compulsory cultural programme is still not over. A visit to St Peter's Cathedral is another must, first and foremost on account of its famous altar by Hans Brüggemann (1514–21), which is regarded as the outstanding work of North German carving. Four hundred figures, whose magnificence emanates from the skilful carving of the oak wood alone, without any painting, tell the story of Christ. Not to be scorned on a visit to the cathedral is a climb to the top of the 112-metre steeple. It has towered over the church only since 1894 and is one of a series of buildings designed to transform Schleswig into a suitably prestigious capital for the Prussian province of Schleswig-Holstein. Bismarck installed the state government there in 1867 after victory in the war against Denmark. A palace in Italian neo-Renaissance style was built as the centre of government. Now it provides the Schleswig-Holstein state supreme court with a smart address.
With its palace, cathedral, court building, several old palaces of nobles of former courtly state and the picturesque fishing settlement of Holm, Schleswig would be entirely beautiful had local government politicians in the 1960s not wanted to play at being New York. They gave the go-ahead for Schleswig-Holstein's tallest skyscraper, the 28-floor "Viking Tower" that now dominates the town's skyline.
To the north-east of Schleswig is Angeln, after the Dänischer Wohld and Schwansen the third and largest peninsula on the northern part of the Baltic Sea coast. This charmingly garden-like area lies between the Schlei, the Baltic Sea and Flensburg Firth. The landscape is divided by even more rolling hills than the neighbouring region, and nowhere else in Schleswig-Holstein do so many boundary hedges criss-cross the countryside. They are known in the north as "Knicks," because every few years they have to be pruned back, or "geknickt." If allowed free rein to grow, the trees and bushes would thin out at the bottom and no longer fulfil the purpose of preventing one farmer's cattle from grazing on another's pasture or trampling over ploughed fields. What is more, they would no longer protect

Wirkt ohne jede Bemalung aus der Pracht von 400 Eichenholzfiguren heraus: Schnitzkunst-Wunder Brüggemann-Altar im Schleswiger Dom

The splendour of 400 oak figures gives it its effect without any painting: the Brüggemann Altar in Schleswig Cathedral is a woodcarving wonder.

Une beauté qui naît du seul travail du chêne, sans aucune peinture: les 400 figures du retable de Brüggemann dans la cathédrale de Schleswig.

d'Histoire de l'Art et d'Histoire de la Civilisation ainsi que le Musée d'Archéologie. Leurs collections témoignent de la période de prospérité culturelle que vécut Gottorf sous le gouvernement du duc Frédéric III (1616-1659). Un temps fort de cette époque fut le célèbre globe de Gottorf. Ce précurseur du planétarium dans lequel pouvaient pénétrer 10 personnes représente à l'extérieur la terre, à l'intérieur les astres et tourne, mû par l'eau. Il se trouve aujourd'hui à St. Pétersbourg.

Mais cette boule magique n'est que l'un des chapitres du grand passé du Schleswig. Cette ville qui met le point final à la Schlei n'est rien d'autre que la ville la plus ancienne du Nord de l'Europe: c'est en l'an 800 que les Vikings fondèrent Haithabu, le précurseur de Schleswig. Ses remparts en forme de cercle existent encore aujourd'hui; le musée viking juste à côté permet de mieux comprendre ce qui s'y est passé. La tradition de navigateurs est présente dès l'extérieur. L'architecture du musée stylise des bateaux la quille en l'air et un vaisseau d'origine est exposé à l'intérieur.

Même celui qui a visité ce troisième musée de Schleswig, n'a pas encore tout vu ce qu'il faut voir: la cathédrale Saint-Pierre est un impératif en raison, surtout, du célèbre retable de Brüggemann (1514-21). Il est considéré comme la plus importante sculpture sur bois de l'Allemagne du Nord. 400 figures dont la splendeur émane du seul travail du chêne, sans aucune peinture, racontent la vie de Jésus. Lors de la visite de la cathédrale, n'hésitez pas également à monter les 112 mètres du clocher. Celui-ci ne dépasse la Maison de Dieu que depuis 1894 et fait partie d'une série de constructions qui devaient faire de Schleswig une capitale digne de représenter la province prussienne qu'était le Schleswig-Holstein. Bismarck en avait fait le siège du gouvernement en 1867 après avoir gagné la guerre contre les Danois. C'est dans un palais construit dans le style néo-Renaissance italien que s'était installée la centrale du pouvoir. Ce palais permet aujourd'hui à la cour d'appel du Schleswig-Holstein de siéger dans un bâtiment séduisant.

Le château, la cathédrale, le tribunal, plusieurs anciens palais des nobles de la cour, le romantique village de pêcheurs de Schleswig-Holm, tout pourrait être si beau si les représentants politiques de la commune n'avaient pas voulu dans les années 60 en faire un NewYork: ils autorisèrent la construction du plus haut building du Schleswig-Holstein: la «tour viking» totalise en effet 28 étages et domine la silhouette de la ville.

Au nord-est de Schleswig s'étend par delà la Dänischer Wohld et le Schwansen la presqu'île d'Angeln, la troisième et la plus grande de la côte nord de la Baltique. La Schlei, la pleine mer et la baie de Flensbourg encadrent ce paysage qui ressemble à un charmant jardin. Le terrain est constitué, ici plus que dans les régions voisines, de buttes arrondies et l'on ne trouve nulle part ailleurs dans le Schleswig-Holstein autant de haies découpant le paysage. Les Allemands du Nord les appellent «Knicks» (brisés) – puis-

Sachsen und Jüten ebenso – doch da das Territorium jenseits der Nordsee nicht nach diesen, sondern den Angeln benannt wurde, drängt sich die Schlußfolgerung auf, daß die Angeln besonders zahlreich und kämpferisch auftraten.
Im Südosten Angelns liegt die kleinste Stadt Deutschlands: Nicht einmal 400 Einwohner zählt Arnis. Zusammen mit dem benachbarten Kappeln bildet es die Kulisse für die TV-Stadt „Deekelsen", in der das Zweite Deutsche Fernsehen seit über zehn Jahren den „Landarzt" praktizieren läßt. Dank Dauer-Präsenz im Abendprogramm ist ein Ort zum bekanntesten ganz Angelns geworden, den es eigentlich gar nicht gibt. Jedenfalls gilt das innerhalb Deutschlands.
In dänischen Ohren hat Glücksburg in Nordangeln einen so großen Klang wie Windsor in britischen Ohren, denn „die Glücksburger" stellen die dänische Königsfamilie. Als sich das Aussterben des vorherigen Monarchengeschlechts abzeichnete, hatten die europäischen Großmächte 1852 im Londoner Protokoll sie zu den künftigen Regenten in Kopenhagen bestimmt. Der Stammsitz Schloß Glücksburg gehörte staatsrechtlich noch zu Dänemark und der darauf gründende Fürstentitel ebenso. Majestätisch ist am Wasserschloß Glücksburg nicht nur die Verbindung mit dem dänischen Königshaus, sondern allein schon das Erscheinungsbild: So wie sich der weiße Renaissancebau mit seinen vier Ecktürmen im Teich spiegelt, darf er als die vollkommenste Schloßanlage in Schleswig-Holstein gelten. Von 1582 bis 1585 entstand die Residenz für Herzog Johann den Jüngeren, der ein kleines Fürstentum nördlich und südlich der Flensburger Förde regierte. Das Inventar reicht bis in seine Zeit zurück.
Wenn Schleswig-Holstein durch seine Lage ganz oben in Deutschland so etwas wie den Kopf der Bundesrepublik darstellt, dann hat in Flensburg als nördlichster Stadt, sozusagen unter der Schädeldecke, wiederum das Gehirn seinen Platz. Und tatsächlich befindet sich dort ein gutes Gedächtnis: In der Verkehrssünderkartei des Kraftfahrtbundesamts wird alles gespeichert, was sich deutsche Autofahrer haben zuschulden kommen lassen. Der Punktestand im Flensburger Computer entscheidet über Führerscheinentzug auch für Münchner oder Stuttgarter.
Denkwürdig an der nördlichsten deutschen Stadt ist auch, daß auf dem Marinegelände gegenüber dem Kraftfahrtbundesamt Hitlers Nachfolger Karl Dönitz am 8. Mai 1945 die Kapitulation des Deutschen Reichs unterschrieben hat. Die Reichsregierung hatte sich dorthin in den letzten Kriegswochen geflüchtet, als fast das ganze Land schon von den Alliierten besetzt war. Ebenfalls kurz vor der Kapitulation flog einer der er-

Im Zentrum der kleinsten Stadt Deutschlands: Hauptstraße von Arnis

The centre of Germany's smallest town: Arnis main street

Au centre de la plus petite ville d'Allemagne: la rue principale d'Arnis

cattle from the Schleswig-Holstein wind. An area like Angeln that is shaped to such an extent by farming has produced its own animal strains. The rich red-brown Angler Rind (Angeln cow) and the Angler Sattelschwein (Angeln "saddle" pig), which narrowly escaped extinction before being rediscovered a decade ago, are known beyond Germany in farming circles.
However, Angeln is the source of an incomparably better-known name – England, or Angelland, the land of the Angles. The largest of the countries that make up the British Isles was named after the people who emigrated there from the region between the Schlei and the Flensburg Firth. The chronicles of the Venerable Bede and the Roman regional historian Tacitus both confirm this. When the Romans withdrew from Britain, they left behind a power vacuum that attracted the Angles. It attracted Saxons and Jutes as well, but the fact that the territory on the other side of the North Sea was named after the Angles rather than these other groups leads one to conclude that the Angles must have been particularly numerous and combative.
Their descendants are experts at the art of miniatures. South-east Angeln boasts Germany's smallest town, Arnis, which has fewer than 400 inhabitants. Together with neighbouring Kappeln, it forms the backdrop for the imaginary town of Deekelsen where ZDF television channel's "Landarzt," or country doctor, has practised for more than 10 years. Thanks to its regular appearances on evening TV, a non-existent town has become the best-known in the whole of Angeln, at least among Germans.
To Danish ears, the name Glücksburg sounds rather like Windsor does to the Britons, for the Danish royal family comes from House of Glücksburg. When the previous royal dynasty was on the point of dying out, in 1852 the European great powers signed the London Protocol making the Glücksburgs the future rulers of Denmark. Under international law their ancestral seat, Schloss Glücksburg, remained Danish, along with the accompanying princely title. This link with the Danish royal family is not the only majestic aspect of the lake palace, whose very appearance is regal. Indeed, the image of the Renaissance building with its four corner towers as reflected in the lake qualifies it to be considered Schleswig-Holstein's most perfect palace complex. The residence was built between 1582 and 1585 for Duke Johann the

Younger, who ruled a small principality to the north and south of the Flensburg Firth. The contents, which can be viewed, wearing felt slippers to protect the parquet flooring, date back to his days.

If its location at the top of Germany makes Schleswig-Holstein something like Germany's head, its brain is located in Flensburg, the northernmost town, under the skull as it were. And Flensburg has a good

Fangtrichter: Europas letzte Heringszäune in der Schlei vor Kappeln

Fishing funnels: Europe's last herring fences in the Schlei off Kappeln

Entonnoirs de pêche: les dernières barrières à harengs de l'Europe posées dans la Schlei juste avant Kappeln

qu'ils doivent être taillés, donc «brisés» dans l'intervalle de quelques années. Si on laissait libre champ à la nature, les arbres et les haies s'éclairciraient en bas et ne pourraient plus remplir leur fonction: éviter que les animaux d'un paysan paissent sur la prairie d'un autre ou bien qu'ils piétinent des terres arables. Les troupeaux ne pourraient plus non plus se mettre, derrière ces haies, à l'abri du vent du Schleswig-Holstein. Une région si fortement marquée par l'agriculture comme l'est l'Angeln a produit ses propres races: le bœuf tacheté de roux et le porc saddleback d'Angeln, race presque disparue et redécouverte voici une décennie, sont une référence dans les milieux agricoles au delà des frontières de l'Allemagne.

Mais l'Angeln a aussi donné naissance à un nom ô combien plus connu: l'Angleterre (=Angelland). La plus grande partie de la Grande Bretagne a été baptisée du nom de ceux qui émigrèrent de cette région située entre la Schlei et la baie de Flensbourg. Le chroniqueur de l'Eglise britannique Beda et l'historien latin Tacite en ont donné des preuves concordantes. Suite au départ des troupes romaines d'occupation, l'île resta sans souverain ce qui attira les Angles. Saxons et Jutes vinrent également mais puisque le territoire de l'autre côté de la mer du Nord ne porta pas leur nom, il semble juste d'en conclure que les Angles étaient plus nombreux et plus combatifs.

Leurs descendants sont des spécialistes lorsqu'il s'agit d'être tout petit: dans le sud-est de la presqu'île d'Angeln se trouve la ville la plus minuscule de l'Allemagne: Arnis compte à peine 400 habitants. Avec la ville voisine de Kappeln, elle sert de décor à la ville fictive de «Deekelsen» où la deuxième chaîne de télévision allemande a établi depuis plus de dix ans le cabinet du «médecin de campagne». Très souvent présent dans le programme de la soirée, ce lieu qui n'existe pas est devenu le plus connu de tout Angeln. C'est tout au moins le cas en Allemagne.

Pour des oreilles danoises, le renom de la ville de Glücksbourg dans le nord de la presqu'île d'Angeln est tout aussi grand que celui de Windsor pour des oreilles britanniques car c'est la «famille des Glücksbourg»

sten weiblichen Piloten Deutschlands aus dem zerbombten Berlin an die deutsch-dänische Grenze. Von Flensburg aus zog Beate Uhse dann ihren Erotik-Versand auf. Ausgerechnet im Pastorat der St.-Marien-Kirche startete die Aufklärerin der Nation ihren Handel.

Kaufmännische Tradition ist in Flensburg tief verwurzelt: In der zweiten Hälfte des 18. Jahrhunderts stellte es mit über 300 Handelsschiffen noch vor Kopenhagen die größte Hafenstadt des dänischen Königreichs dar. Daher profitierte besonders Flensburg von den dänischen Kolonien in der Karibik: Vor allem Zuckerrohr importierten die Reeder von dort an die Förde. Das machte Flensburg erst zur dänischen, ab 1864 nach der Grenzverschiebung zur deutschen Rum-Hauptstadt. Um die 200 Destillen haben das Gold aus der Karibik im 19. Jahrhundert dort verschnitten und abgefüllt. Im Jahr 2001 wurden die Produktionsanlagen des letzten Herstellers abgebaut. Zahlreiche Flensburger Rummarken gibt es zwar immer noch, nur werden sie in Niedersachsen hergestellt, da der letzte einheimische Produzent sie an einen dortigen Spirituosenunternehmer verkauft hat.

Im Schiffahrts- und Rum-Museum bleibt die große Vergangenheit lebendig, und an der Pier direkt davor bewahren in einem stattlichen Museumshafen Traditionssegler das Flair einer Seehandelsstadt. Das Stadtbild tut das Seine dazu: Perfekt saniert, prägt eine Kilometer lange Kette alter Kaufmannshöfe Flensburgs Zentrum. Ihre Bauweise und ihre leuchtenden Farben machen die Stadt zu einem Vorboten Skandinaviens. Was auch in geographischer Hinsicht gilt: Zwei Kilometer hinter dem nördlichen Ortsschild beginnt Dänemark.

Tor nach Skandinavien: Deutschlands nördlichste Stadt Flensburg

Gateway to Scandinavia: Flensburg, Germany's northernmost town

Porte de la Scandinavie: Flensbourg, la ville la plus septentrionale de l'Allemagne

memory: the federal driver and vehicle licensing department in the town keeps a record of all traffic offences committed by German drivers. The number of points on the Flensburg computer decides if someone is to forfeit their licence, no matter whether they live in Munich or Stuttgart.

Another memorable feature of Germany's northernmost town: Hitler's successor Dönitz signed the Third Reich's capitulation on 8 May 1945 on the naval site opposite the driver and vehicle licensing centre. The Reich government had fled there in the final weeks of World War II after the Allies had occupied nearly all of Germany. Shortly before the capitulation, Germany's first woman pilot, Beate Uhse, flew from bombed-out Berlin to the German-Danish border. She went on to set up a mail-order business for erotica with Flensburg as her

headquarters. This enlightener of the nation began trading in St Mary's Church vicarage, of all places.
Flensburg's mercantile roots go deep. In the second half of the 18th century, the town had a fleet of over 300 merchant ships and was the largest port in the kingdom of Denmark, even outdoing Copenhagen. As a result, it profited handsomely from Denmark's Caribbean colonies. Flensburg shipowners imported mainly sugar cane. As a result, Flensburg became the Danish, and from 1864 the German, rum capital. In the 19th century, the town had around 200 distilleries blending and bottling the Caribbean gold. The last production plant was demolished in 2001. Numerous brands of Flensburg rum still exist, but they have been made in Lower Saxony since the last producer sold them to a spirits manufacturer in that state.
The Shipping and Rum Museum keeps this glorious past alive, and in a fine museum harbour by the pier outside, traditional sailing ships preserve the aura of a sea-trading town. The townscape does its bit, as well: a kilometre-long string of historic, perfectly rehabilitated mercantile buildings shapes Flensburg's town centre. Their architecture and glowing colours make Flensburg a harbinger of Scandinavia. The same goes for the town's geography, for two kilometres beyond the northernmost municipal signpost is where Denmark begins.

qui règne sur la maison royale du Danemark. La lignée du monarque précédent menaçant de s'éteindre, les grandes puissances européennes décidèrent en 1852, dans le protocole de Londres, de faire de la famille des Glücksbourg les souverains futurs de Copenhague. Leur résidence principale, le château de Glücksbourg, appartenait encore officiellement au Danemark de même que le titre princier. Ce n'est pas seulement le lien qui existe entre la maison royale du Danemark et le château entouré d'eau de Glückbourg qui lui confère cette majesté mais son apparence à elle seule: ce château blanc de la Renaissance qui, coiffé de ses quatre tourelles d'angle, se reflète dans l'étang peut se prévaloir d'être la construction la plus parfaite du Schleswig-Holstein. Cette résidence a été érigée de 1582 à 85 pour le duc Johann le Jeune qui régnait sur une petite principauté située au nord et au sud de la baie de Flensbourg. L'inventaire du château remonte à cette époque et la visite doit se faire en pantoufles – pour respecter les planchers parquetés.
Si le Schleswig-Holstein représente en quelque sorte, de par sa position tout au nord de l'Allemagne, la tête de la République fédérale d'Allemagne, la ville la plus septentrionale qu'est Flensbourg abrite alors, en quelque sorte sous la voûte crânienne, le cerveau. Et on trouve là-bas en effet une bonne mémoire: tout ce que les conducteurs allemands ont à se reprocher est mémorisé dans le fichier des contraventions de l'office fédéral de la circulation routière. C'est le nombre de points dans l'ordinateur de Flensbourg qui décide du retrait de permis des conducteurs de Munich ou de Stuttgart.
Un autre événement fait aussi de cette ville la plus au nord de l'Allemagne un lieu mémorable: c'est sur la base navale située en face de l'office de la circulation routière que le successeur d'Hitler, Karl Dönitz, signa le 8 mai 1945 la capitulation du Reich allemand. Le gouvernement du Reich s'y était réfugié dans les dernières semaines de la guerre alors que le pays était déjà presque entièrement occupé par les Alliés. C'est également peu de temps avant la capitulation que la première femme pilote de l'Allemagne partit de Berlin, alors détruite par les bombes, pour rejoindre la frontière germano-danoise. C'est à partir de Flensbourg que Beate Uhse monta son entreprise de vente par correspondance d'articles érotiques. Et c'est précisément dans le presbytère de l'église Sainte Marie que celle qui fit l'éducation sexuelle de la nation débuta son commerce.
A Flensbourg, le négoce a une très longue tradition: avec plus de 300 bateaux de commerce, Flensbourg était dans la seconde moitié du 18e siècle le plus grand port du royaume danois, avant même Copenhague. Flensbourg a donc profité tout particulièrement des colonies danoises des Caraïbes d'où les armateurs importaient essentiellement de la canne à sucre. Flensbourg est ainsi devenue la capitale danoise puis, à partir de 1864, la capitale allemande du rhum. Près de 200 distilleries se sont chargées au 19e siècle du coupage et de la mise en bouteilles de l'or des Caraïbes. Le site de production du dernier fabricant a été démonté en 2001. Il existe encor, certe, de nombreuses marques de rhum qui portent le nom de Flensbourg mais elles sont en fait fabriquées en Basse-Saxe, le dernier producteur local les ayant vendues à une entreprise de spiritueux.
Ce glorieux passé reste vivant au musée de la navigation et du rhum et c'est juste devant, le long de la jetée, que des voiliers de jadis, imposant musée de plein air, conservent à cette ville le charme de sa tradition maritime. La physionomie de la ville y contribue aussi: dans le centre de Flensbourg, parfaitement restauré, s'égrènent sur un kilomètre les anciennes demeures des commerçants. Le style des constructions et leurs couleurs lumineuses annoncent déjà la Scandinavie. Il en est de même pour la géographie: le Danemark commence deux kilomètres après le panneau de fin d'agglomération le plus au nord de l'Allemagne.

Flensburgs Kaufmannshöfe

Flensburg's merchants' quarters

Les demeures des négociants de Flensbourg

Eine kühle Schönheit spiegelt sich im Wasser: Auf einer Insel in einem aufgestauten Teich thronend, besitzt Schloß Glücksburg eine unvergleichliche Lage. Nur von Wasser und Wald umgeben, präsentiert sich der Renaissance-Palast von 1587 der modernen Zivilisation entrückt. Ein Fürst residiert in dem Gebäude allerdings nicht mehr. Das Ausflugsziel ist heute ein stark frequentiertes Museum. In der Ferne jedoch stellt das Haus Glücksburg aktive Regenten: das Geschlecht sitzt auf dem dänischen Königsthron in Kopenhagen.

A cool beauty reflected in the water. Schloss Glücksburg is situated in an incomparable location, standing in splendid isolation on an island in a dammed-up lake. Surrounded only by water and woods, this 1587 Renaissance palace seems to have turned its back on modern civilization. Even so, no prince resides in the palace these days. Instead, it is a destination for day-trippers, and houses a popular museum. Nevertheless, the house of Glücksburg provides active regents in far-off Denmark: the family occupies the Danish royal throne in Copenhagen.

Une beauté distante se reflète dans l'eau: trônant sur une île, dans un étang formé d'eaux de retenue, le château de Glücksbourg a une position incomparable. Entouré seulement d'eau et de forêts, ce palais de la renaissance datant de 1587 est loin de toute civilisation moderne. Mais cet édifice n'est pourtant plus habité par un prince. Ce lieu d'excursion est aujourd'hui un musée très fréquenté. La maison des Glücksbourg a cependant au loin des princes actifs: cette lignée occupe à Copenhague le trône du roi de Danemark.

Eine Perle an der Schlei: Das Ortsbild von Sieseby ist so authentisch, daß die Landesregierung die Siedlung im Jahr 2000 als erstes komplettes Dorf Schleswig-Holsteins unter Denkmalschutz gestellt hat. Wie Schloß Glücksburg gehört Sieseby zu den Besitztümern der einst herzoglichen Familie von Schleswig-Holstein-Sonderburg-Glücksburg, deren Oberhaupt, Prinz Christoph, unweit des Vorzeige-Dorfs auf Gut Grünholz in der Landschaft Schwansen lebt. Der schönste Weg führt auf dem Wasserweg nach Sieseby – für alle, die kein eigenes Boot haben, mit dem Schlei-Dampfer „Wappen von Schleswig".

A pearl on the Schlei: Sieseby looks so authentic that in 2000 the state government made it the first village in Schleswig-Holstein to be awarded protected status as a whole. Like Schloss Glücksburg, Sieseby forms part of the estates of the former dukes of Schleswig-Holstein-Sonderburg-Glücksburg. The head of the family, Prince Christoph, lives not far from this model village, on Grünholz Estate in the Schwansen area. The most attractive way to Sieseby is by water. Those with no boats of their own can take the Schlei steamer "Wappen von Schleswig."

Un joyau sur les rives de la Schlei: la physionomie de Sieseby est si authentique que le gouvernement du land a classé en l'an 2000 la totalité du village monument historique. Sieseby fait partie, de même que le château de Glücksbourg, de la propriété de la famille autrefois ducale des von Schleswig-Holstein-Sonderbourg-Glücksbourg dont le chef, le prince Christoph, vit aujourd'hui non loin de ce village modèle, sur le domaine de Grünholz dans le Schwansen. La voie d'eau est le plus beau chemin pour se rendre à Sieseby – pour ceux qui n'ont pas de bateau, en prenant le «Wappen von Schleswig».

So verträumt kann die Ostsee sein: Entlang der Schlei, einem 40 Kilometer langen Seitenarm, löst ein lauschiger Winkel den anderen ab. Obwohl das Gewässer zum Meer gehört, besitzt es einen eher seen- oder flußartigen Charakter. Auch wenn es die Beschaulichkeit nicht vermuten läßt – in der Wikingerzeit herrschte hier reger Schiffsverkehr vom und zum größten Handelsplatz der Epoche, Haithabu. Noch manches Geheimnis birgt der Grund der Schlei: Über 40 historische Schiffswracks haben Archäologen dort mit Ortungsinstrumenten ausgemacht.

This is how idyllic the Baltic can be: One secluded spot follows another along the Schlei, a 40-kilometre arm. Although the Schlei is part of the Baltic Sea, it seems more like a lake or river. Its present tranquillity belies its status in Viking days, when it was a busy shipping route from and to the biggest trading station of the day, Haithabu. The Schlei's bed still holds many secrets. Archaeologists using positioning instruments have identified more than 40 historic shipwrecks.

La mer Baltique peut être si charmante: le long de la Schlei, un bras secondaire long de 40 kilomètres, les coins agréables et retirés se succèdent les uns après les autres. Bien que ce plan d'eau fasse partie de la mer, il a plutôt le cachet d'un lac ou d'un fleuve. Même si le calme qui règne ici ne le laisse pas supposer – au temps des Vikings, nombreux étaient les bateaux qui passaient ici en provenance ou en direction d'Haithabu, le plus grand foyer commercial de l'époque. Le fond de la Schlei cache encore bien des secrets: les archéologues y ont repéré avec des détecteurs plus de 40 épaves historiques.

Lange Internat, heute Therapieeinrichtung für Alkoholkranke: im Herrenhaus Carlsburg in Schwansen hilft die „Humane Gerontopsychiatrische Gemeinnützige Gesellschaft" Suchtopfern bei der Rückkehr in ein geregeltes Leben. Zuvor waren in dem 1721 errichteten Gebäude die 5. und 6. Klasse des Internats Louisenlund untergebracht. Die Jahrgänge sind mittlerweile in eine Immobilie dichter bei Louisenlund herangerückt, was für Abläufe im Schulalltag praktischer ist. Bei Konzerten hat die Öffentlichkeit Zutritt zur Carlsburg.

A former boarding school now helps to cure alcoholics. At Carlsburg Manor House in Schwansen the Humane Geronto-Psychiatric Charitable Society helps victims of alcohol addiction to return to a regular life. The manor, built in 1721, previously housed the fifth and sixth grades of Louisenlund boarding school. Students now live closer to Louisenlund, which is more practical for day-to-day running of the school. The general public has access when concerts are held at Carlsburg.

Longtemps internat, aujourd'hui centre de traitement pour alcooliques: la maison de maître de Carlsbourg, dans le Schwansen; c'est là que la Société de gérontopsychiatrie «Humane Gerontopsychiatrische Gemeinnützige Gesellschaft» aide les toxicodépendants à revenir à une vie réglée. Cette demeure édifiée en 1721 abritaient auparavant les élèves des 5ème et 6ème années de l'internat de Louisenlund. Ils s'en sont maintenant rapprochés et sont hébergés dans de nouveaux locaux, facilitant ainsi le déroulement de la vie scolaire. Carlsbourg est cependant ouvert au public lorsqu'un concert y a lieu.

Ganz oben in Schleswig-Holstein ist der Horizont weiter als anderswo. Nicht von ungefähr rückt Emil Nolde in seinen Gemälden die Wolkenschauspiele über Nordfriesland in den Mittelpunkt und nicht die Landschaft. Die hält sich in der Heimat des weltberühmten Expressionisten auf eine außergewöhnliche Weise zurück; öffnet – so flach und leer wie sie ist – den Blick auf die Naturgewalten.
Die haben hier nicht nur am Himmel freies Spiel, sondern auch zu dessen Füßen: Die Nordsee ruht nie. Gut alle sechs Stunden wechseln sich Hoch- und Niedrigwasser ab, ändern die Gezeiten den Meerespegel um zweieinhalb bis drei Meter. Um ein Drittel größer wird die Oberfläche Nordfrieslands bei Ebbe. Dann fällt das Watt trocken und ruft Respekt erheischend die Kräfte der See in Erinnerung: Wo heute bei Niedrigwasser nur Sand oder Schlick zutage treten, erstreckte sich vor Jahrhunderten bevölkertes Land.

Die Sturmfluten haben wieder und wieder ihren Tribut gefordert. Ausmaße eines Infernos erreichten die „Groten Mandränken", die „Großen Menschen-Ertrinken", von 1362 und 1634. Die erste dieser Sturmfluten hat der Sage nach das legendäre Rungholt verschwinden lassen, das irgendwo südlich der Insel Pellworm gelegen haben soll. Von Detlev von Liliencron lyrisch verewigt, hat sich dieses nordfriesische Atlantis zum Symbol für die Kräfteverhältnisse zwischen Mensch und Meer ausgewachsen. Typisch nordfriesisch auch, daß der literarische Ruhm von Husums großem Sohn Theodor Storm wesentlich auf brechenden Deichen gründet: Darum dreht sich sein populärstes Werk, der mehrfach verfilmte „Schimmelreiter". Abergläubische Zeitgenossen sehen ihn noch immer bei Wind und Wetter durch die Hattstedter Marsch jagen. Auch wenn die Deiche gute 100 Jahre nach Erscheinen der Erfolgsnovelle eine Höhe von über sechs Metern erreicht haben und sich Sturmflutschäden in den letzten Jahrzehnten im Rahmen hielten – der Nordfriese hat ein langes Gedächtnis und nennt die Nordsee noch immer „Mordsee".

In the far north of Schleswig-Holstein, the horizon is even wider than elsewhere in the state. It was no accident that Emil Nolde made the cloud displays over North Frisia the central feature of some of his paintings, rather than the landscape per se. For the countryside in the homeland of the world-famous Expressionist painter is extraordinarily restrained, its flat emptiness directing the focus of attention to the forces of nature. They have free rein here not only in the sky, but also at its feet: the North Sea is never still. The water rises and ebbs

Dünen auf Amrum, vom steten Westwind aus Sand aufgehäuft und erst durch Strandhafer zum Stehen gebracht

Sand dunes on Amrum, whipped up by the constant west wind and brought to a standstill by tufts of grass

Dunes à Amrum, amoncellements des sables apportés par un vent d'ouest omniprésent et fixés ensuite par des oyats

almost every six hours, with the tides altering the sea level by 2.5 to 3 metres, so at low tide North Frisia's surface area is one third larger. Then, the awe-inspiring drained mud-flats recall of the power of the sea. Where nowadays only a bit of sand or mud appears at low tide, centuries ago there was populated land. Storm tides have demanded their tribute time and again. The "Grote Mandränken" or "Great Drownings" in 1362 and 1634 reached inferno-like proportions. The former is said to have washed away the legendary island of Rungholt that is said to have been south of Pellworm. Immortalised in the poetry of Detlev von Liliencron, this North Frisian Atlantis has come to symbolise the power relations between human beings and the sea. It is typical of North Frisia, too, that the literary reputation of Husum's great son, the writer Theodor Storm, rests largely on breached

Tout en haut dans le Schleswig-Holstein, l'horizon est encore plus vaste qu'il ne l'est ailleurs. Ce n'est pas sans raison qu'Emil Nolde place au centre de ses peintures le spectacle qu'offrent les nuages et non le paysage lui-même. Au pays natal de cet expressionniste mondialement réputé, le paysage fait preuve d'une retenue exceptionnelle; il ouvre la vue sur les forces de la nature – tant il est plat et vide. Elles peuvent ici se déployer librement, non seulement dans le ciel mais aussi à ses pieds: la mer du Nord ne reste jamais calme. Pleine Mer et Basse Mer alternent avec plus de six heures d'écart, les marées modifient le niveau de la mer de deux mètres et demi à trois mètres. La superficie de la Frise septentrionale s'accroît d'un tiers à marée basse. Puis le Watt (estran vaseux) s'assèche et inspire le respect, rappelant à la mémoire les forces de la mer: là où il ne reste aujourd'hui, à marée basse, qu'un peu de sable et de vase, s'étendaient voilà des siècles, des surfaces peuplées. Les raz de marée n'ont jamais cessé d'exiger leur tribut. Les «Groten Mandränken», les grandes noyades des années 1362 et 1634 atteignirent des proportions infernales. La première aurait selon la légende fait disparaître la ville fabuleuse de Rungholt qui aurait été située quelque part au sud de l'île de Pellworm. Cette Atlantide de la Frise du Nord, immortalisée dans la poésie lyrique de Detlev von Liliencron, est devenue le symbole du rapport des forces entre l'homme et la mer. Que la célébrité littéraire de Theodor Storm, fils le plus illustre de la ville d'Husum, repose pour une grande part sur des digues qui s'écroulent s'inscrit aussi dans la tradition de cette Frise septentriona-

Vorlage für weltberühmte Blumen-Gemälde: Garten des Malers Emil Nolde in Seebüll

A model for world-famous flower paintings: the painter Emil Nolde's garden in Seebüll

Il a servi de modèle pour des peintures célèbres: le jardin du peintre Emil Nolde à Seebüll.

Der nordfriesische Insel-Archipel auf der zeitgenössischen Landkarte ist das, was die Sturmfluten von einer Landmasse übrig gelassen haben, die vor 800 Jahren den größten Teil des heutigen nordfriesischen Wattenmeers umfaßte. 14 Eilande liegen vor der Küste: die vier Inseln Sylt, Föhr, Amrum und Pellworm, größenmäßig in absteigender Reihenfolge; dazu die zehn Halligen – ein Mittelding zwischen Insel und Sandbank, das außer im Wattenmeer Nordfrieslands nirgends auf der Welt zu finden ist.

Meer aus Wasser vor der Küste, Meer aus Farben im Binnenland: Hausgarten auf der Insel Föhr

A sea of water off the coast, a sea of colour inland: the garden of a house on the island of Föhr

Océan de vagues en bordure de côte, océan de couleurs à l'intérieur des terres: un jardin sur l'île de Föhr

Um die 30mal pro Jahr stehen die Halligen mangels Deichen unter Wasser – weshalb die Häuser der paar hundert Bewohner auf künstlich aufgeworfenen Erdhügeln, den Warften, stehen; weshalb es andererseits aber auch eine unvergleichliche Flora und Fauna gibt. Der Nationalpark Wattenmeer sichert einen sehr weitgehenden Naturschutz entlang der schleswig-holsteinischen Westküste. Immer wieder wird behauptet, das schränke den Tourismus ein, den größten Wirtschaftsfaktor der entlegenen Region. Dennoch behaupten sich Westerland auf Sylt und St. Peter-Ording in Eiderstedt als Seebäder mit den meisten Übernachtungen in Schleswig-Holstein – anderthalb beziehungsweise eine knappe Million pro Jahr. Wyk auf Föhr folgt bald dahinter und rühmt sich der längsten Tradition aller Westküstenbäder – schon der dänische Märchendichter Hans Christian Andersen und sein König Christian VII. verbrachten dort regelmäßig ihre Sommerferien.

Unter besonderen Schutz stellt das Landesrecht Schleswig-Holsteins nicht nur den Naturraum Wattenmeer, sondern auch die friesische Volksgruppe. Unter anderem bie-

dikes. They are the subject of his most popular work, the frequently-filmed "Schimmelreiter" (Rider on a White Horse). Superstitious people still see the horseman chasing through the Hattstedt marsh in wind and weather. Now, more than 100 years after the successful novella was published, the dikes are over six metres high and no extensive flood damage has been experienced in the last few decades. Even so, North Frisians have long memories, and still call the North Sea "Mordsee" (Killer Sea), a pun on its German name "Nordsee." The North Frisian island archipelago shown on contemporary maps is all the storm tides have left of a land mass that 800 years ago comprised most of what is now the North Frisian tidal shallows. The region has 14 offshore islands: Sylt, Föhr, Amrum and Pell-

worm, in order of size, and ten "Halligs," small, low islands that are halfway between an island and a sandbank and are found nowhere else in the world except in North Frisia's tidal shallows. The "Halligs," which have no dikes, are flooded around 30 times each year, which is why the homes of their few hundred inhabitants are built on artificial mounds known as "Warfte." It is also why they boast incomparable flora and fauna. The Wattenmeer, or tidal shallows, is a designated nature park, ensuring a large degree of nature conservation along the west coast of Schleswig-Holstein. People often claim that this restricts tourism, the most important economic factor in this isolated region. Even so, Westerland on Sylt and Sankt Peter-Ording boast more overnight stays than anywhere else in Schleswig-Holstein, 1.5 million and just under one million per year respectively. Wyk on Föhr is not far behind, and boasts the longest tradition of all west-coast bathing resorts. Danish fairy-tale writer Hans Christian Andersen and King Christian VII of Denmark regularly spent their summer holidays there.

Schleswig-Holstein state law extends special protection not just to the Wattenmeer, but also to the Frisian ethnic group. Among other things, for some years now the state

Hafen-Idylle in Tönning an der Eider kurz vor der Mündung

Harbour idyll in Tönning on the Eider, just before the river mouth

Le charmant port de Tönning sur l'Eider juste à l'entrée de l'estuaire

le: c'est de cela que parle «l'Homme au cheval blanc», son ouvrage le plus populaire porté à l'écran plusieurs dizaines de fois. Certains de nos contemporains superstitieux le voient encore avancer, qu'il pleuve ou qu'il vente, à travers la Marsch de Hattstedt. Même si les digues, plus de 100 ans après la parution de cette nouvelle à succès, atteignent plus de six mètres de haut et que les dégâts causés par les raz de marée sont devenus moindres – le Frison du Nord a bonne mémoire et qualifie la mer du Nord de «mer de la mort». L'archipel des îles de la Frise du Nord sur une carte contemporaine correspond à ce que les raz de marée ont laissé de cette terre qui, il y a 800 ans, comprenait la plus grande partie de l'actuelle Wattenmeer de la Frise septentrionale. 14 îles s'étendent au large de la côte: les quatre îles Sylt, Föhr, Amrum et Pellworm, par ordre de taille décroissant, auxquelles viennent s'ajouter les 10 Halligen – mi-îles, mibancs de sable que l'on ne trouve nulle part au monde si ce n'est dans la Wattenmeer de la Frise du Nord. Faute de digues, les Halligen sont inondées près de 30 fois par an – ce qui explique que les maisons des quelque centaines d'habitants soient construites sur des Warften, monticules de terre constitués artificiellement, mais ce qui explique aussi l'existence d'une faune et d'une flore incomparables. Le parc national de la Wattenmeer garantit une très large protection de l'environnement le long de la côte ouest du Schleswig-Holstein. Et nombreux sont ceux qui prétendent que c'est là un frein au tourisme, le facteur économique le plus important de cette région reculée. Cependant, malgré cela, Westerland sur l'île de Sylt et Saint Peter-Ording s'affirment comme stations balnéaires en enregistrant le plus grand nombre de nuitées du Schleswig-Holstein – respectivement un million et demi et près d'un million par an. Puis vient Wyk sur l'île de Föhr qui peut se flatter d'avoir la plus longue tradition balnéaire de la côte ouest – l'écrivain danois Hans Christian Andersen, célèbre pour ses contes, et son roi Christian VII y passaient déjà régulièrement leurs vacances d'été.

La législation du Land du Schleswig-Holstein place sous protection particulière non seulement la réserve naturelle de la Wattenmeer mais aussi le groupe ethnique des Frisons. Le Land propose entre autres, depuis quelques années, des cours facultatifs de frison dans les écoles afin que cette communauté linguistique qui compte actuellement 10 000 personnes puisse être préservée. La culture frisonne, originaire des Pays Bas, a pris racine dans le nord-ouest du Schleswig-Holstein lorsque des émigrants y arrivèrent par bateau du 7ème au 10ème siècle. De lointains descendants, hollandais faisant l'objet de persécutions religieuses, suivirent leurs traces dans l'émigration et vinrent fonder à partir de 1621 la petite ville aux canaux de Friedrichstadt, au confluent de l'Eider et de la Treene. Ceux-ci étaient cependant ve-

Hier ist Gemächlichkeit Trumpf: Pferdefuhrwerk auf Hallig Hooge.

A leisurely pace is the thing here: round the islet of Hooge by horse-drawn vehicle.

On apprécie ici la tranquillité: une promenade en voiture à cheval sur la Hallig de Hooge.

tet das Land seit einigen Jahren friesischen Schulunterricht zur freiwilligen Teilnahme an, damit die Sprachgemeinschaft ihre Stärke von rund 10 000 Menschen halten kann. Wurzeln geschlagen hat das aus den Niederlanden stammende Friesentum im Nordwesten Schleswig-Holsteins, als Auswanderer vom 7. bis 10. Jahrhundert per Schiff herüberkamen. Als späte Nachfahren wandelten holländische Glaubensflüchtlinge auf ihren Spuren, die ab 1621 am Zusammenfluß von Eider und Treene die Grachtensiedlung Friedrichstadt errichteten. Allerdings waren sie anders als ihre Ahnen ausdrücklich eingeladen worden – der Gottorfer Herzog Friedrich III. erhoffte sich von den Kolonisten eine bedeutende Handelsmetropole. Zumindest ist das kanaldurchzogene Stadtdenkmal heute eine von Schleswig-Holsteins Haupt-Sehenswürdigkeiten. Zusehends mehr Touristen zieht auch die Renaissance eines urfriesischen Brauchs an: Beim „Biike-Brennen“ am 21. Februar lassen Feuer aus Reisig und Stroh die Küste leuchten. Heidnischer Fruchtbarkeitsritus, Ausklang des Winters, Abschiedsgruß an die einstigen Walfänger am Vorabend des Petritags, geweiht dem Schutzpatron der Fischer – die „Biike“ erklärt sich aus all diesen Anlässen zusammen.

Schon drei, vier Wochen später lohnt die nächste Reise nach Nordfriesland: Dann lockt die legendäre Krokusblüte in den Husumer Schloßpark. Auf 100 Kelche pro Quadratmeter summiert sich die Pracht. Dann läßt sich erleichtert feststellen: In einem Punkt war der Realist Theodor Storm ein „Märchendichter“: Die Aussage in seinem berühmten Gedicht, daß Husum „die graue Stadt am Meer“ sei, stimmt nicht.

Damit es auch bei Sturmflut trocken bleibt: Strandcafé auf Stelzen in St. Peter-Ording

This beach café on stilts in St Peter-Ording stays dry even during storm tides.

Pour rester au sec même lors des marées de tempête: le café sur hauts pilotis de la plage de St. Peter-Ording

has offered voluntary school lessons in Frisian, to enable this linguistic minority to maintain its present size of 10,000 Frisian speakers. East Frisian culture, which originated in the Netherlands, struck root in north-west Schleswig-Holstein when emigrants sailed across in the 7th to 10th centuries. They were followed much later by Dutch religious refugees, who in 1621 built the canal settlement of Friedrichstadt at the confluence of Eider and Treene. Admittedly, unlike their ancestors these immigrants came by express invitation of Gottorf's Duke Friedrich III, who hoped the colonists would turn the settlement into a major trading centre. Now, the heritage town criss-crossed by canals is at least one of Schleswig-Holstein's main attractions.

Increasing numbers of tourists are also attracted by the rebirth of an ancient Frisian custom. Each year on 21 February the

"Biike-Brennen," bonfires of brushwood and straw, light up the coast. A heathen fertility ritual, the end of winter, a farewell to the former whale-catchers leaving for the Arctic on the eve of St Peter's Day, the "Biike" seems to be a combination of all these.

Just three or four weeks later, and North Frisia merits another visit, this time to see the legendary crocus blooms in Husum castle grounds, a magnificent show of 100 flowers per square metre. Seeing them, one realises with relief that the realist Theodor Storm was a teller of "fairy stories" on one count at least. His famous poem describing Husum as the grey town by the sea is wrong.

nus, contrairement à leurs ancêtres, sur l'invitation expresse de Friedrich III, duc de Gottorf, qui espérait que ces colons feraient de cette cité une importante métropole de commerce. Cette cité ancienne, traversée par des canaux, est aujourd'hui au moins l'une des plus importantes curiosités du Schleswig-Holstein.

La renaissance d'une ancienne tradition frisonne attire aussi un nombre croissant de touristes: chaque 21 février, à l'occasion du «Biike-Brennen», la côte s'enflamme à la lueur des feux de bois et de paille. Rite païen de fécondité, fin de l'hiver, geste d'adieu aux pêcheurs de baleines qui autrefois partaient en mer du Nord la veille de la Saint-Pierre, le patron des pêcheurs: c'est tout cela que l'on retrouve dans le «Biike».

Et à peine trois ou quatre semaines plus tard, cela vaut déjà la peine de repartir dans la Frise du Nord: c'est la beauté légendaire des crocus en fleurs dans le parc du château d'Husum qui attire les visiteurs. 100 calices au mètre carré forment un splendide tapis. C'est là que l'on peut alors constater avec soulagement que le réaliste Theodor Storm a une fois aussi été l'auteur d'un «conte de fées»: son célèbre poème sur «Husum, la ville grise sur la mer» ne correspond pas à la réalité.

Der Frühling ist da: Krokusblüte im Husumer Schloßpark.

Spring has arrived: crocus blooms in Husum Castle grounds.

Le printemps est arrivé: crocus en fleurs dans le parc du château d'Husum.

Der Wellenschlag hat seine Muster hinterlassen: Rippelmarken bilden sich am Wattboden bei Ebbe. Die Spaziergänger hier im Watt vor Föhr müssen also zusehen, daß sie rechtzeitig vor der Flut den Rückweg an Land antreten. Am sichersten sind Wattwanderungen unter fachkundiger Führung.

The waves have left their mark: ripples on the mudflat bed at low tide. So walkers like these in the mudflats off Föhr must make sure that they return to dry land before high tide. The safest way to take a walk through the mudflats is with a guide.

Le choc des vagues a laissé son empreinte: des rides de plage se forment à marée basse dans cet estran vaseux qu'est le Watt. Ceux qui, devant l'île de Föhr, se promènent dans le Watt, doivent donc faire attention à rejoindre à temps la terre ferme. Le plus sûr, pour s'y promener, est d'être accompagné d'un guide compétent.

Wohnen unter Reet: das ist typisch für Föhr, hier im Bild, und die weiteren nordfriesischen Inseln. Das Naturdach hat etwas mit dem rauhen Klima an der Nordsee zu tun: Reetdächer sind für Sturmschäden weniger anfällig als Ziegeldächer, da der Wind in der geschlossenen Halmdecke kein Spiel hat. Außerdem bilden die Schilfgürtel eine natürliche Quelle für diese Bausubstanz.

Living under thatch is typical of Föhr, seen here, and the other North Frisian islands. This natural roofing type has something to do with the harsh North Sea climate: thatch withstands storm damage better than tiled roofs, since the wind cannot penetrate its dense fabric. What is more, belts of reed are a natural source of this building material.

Des maisons au toit de chaume: c'est là l'habitat typique de l'île de Föhr, ici sur la photo, et des autres îles de la Frise septentrionale. Ce toit naturel n'est pas sans rapport avec le rude climat de la mer du Nord: le chaume supporte mieux les tempêtes que les tuiles car le vent ne peut pas s'engouffrer dans la couverture de paille. Et puis, les bordures de roseaux produisent tout naturellement ce matériau de construction.

Dünen so weit das Auge reicht: Zur Hälfte ist die Insel Amrum mit den sandigen, teilweise mit Strandhafer bewachsenen Höhen bedeckt. Bis auf 30 Meter reichen sie hinauf – beim flachen Horizont an der Westküste fast schon gebirgsähnlich. Übertroffen werden die Gipfel nur vom Leuchtturm bei Süddorf. Westlich (im Bild links) den Dünen vorgelagert ist Deutschlands breitester Strand: der bis zu anderthalb Kilometer weite Kniepsand.

Dunes as far as the eye can see: The island of Amrum is half covered in sand dunes and half with dunes overgrown with tufts of grass. Up to 30 metres high, they look almost mountainous against the flat west-coast horizon. Only the lighthouse near Süddorf towers above them. In front of the dunes to the west (on the left in the picture) is Germany's widest beach, the Kniepsand. Parts of it are up to one and half kilometres wide.

Des dunes à perte de vue: la moitié de l'île d'Amrum est recouverte de hauteurs sablonneuses, où poussent en partie des oyats. Elles atteignent jusqu'à 30 mètres de haut – prenant presque ainsi l'apparence de montagnes sur cette côte ouest où le pays est si plat. Seul le phare de Süddorf dépasse ces sommets. A l'ouest (à gauche sur la photo), devant les dunes, s'étend la plage la plus large de l'Allemagne: le Kniepsand qui peut atteindre jusqu'à un kilomètre et demi.

Von Naturgewalten umzingelt: Bei Sturmflut guckt von der Hallig Südfall nur noch die Warft – ein Hügel mit Häusern – aus dem Wasser, während der Rest des Eilands überschwemmt und mit der Nordsee eins geworden ist. Nach dem Abflauen des Sturms wird der Wasserstand so weit sinken, daß er um die Warft wieder Grasland freigibt. Die Bewohner von zehn solcher Halligen müssen damit leben, daß ihre winzigen Territorien keine Deiche, also Schutzwälle, besitzen. Dafür können sie behaupten: Weltweit gibt es nichts Vergleichbares zu ihrer Heimat.

Surrounded by the forces of nature: At storm tide, only the Warft, a mound on which houses are built, peeps out of the water on Südfall. The rest of the islet is flooded and has become one with the North Sea. When the storm has subsided the water level will fall to reveal the grassland around the Warft. The residents of ten such islands have to live with the fact that their tiny territories have no dikes. On the other hand, they can boast that their home is without compare in the world.

Encerclée par les forces de la nature: seule la Warft – une colline avec des maisons – de la Hallig Südfall émerge encore de l'eau lors des marées de tempête, le reste de l'île étant inondé et formant un tout avec la mer du Nord. Une fois la tempête calmée, le niveau de l'eau baisse et libère les herbages autour de la Warft. Les habitants de dix Halligen doivent s'accommoder du fait que leurs minuscules territoires n'aient pas de digue, donc pas de remblai protecteur. Mais ils peuvent par contre se prévaloir de vivre dans une contrée unique en son genre.

Ganz weit draußen: Auch auf dem Festland braucht man Warften, wenn Gebäude – wie hier der Leuchtturm von Westerhever auf der Halbinsel Eiderstedt – im Deichvorland liegen. Das Postkartenmotiv aus dem Süden Nordfrieslands ist bundesweit durch Bier-Werbung bekannt geworden. Der 40 Meter hohe, von 1906 bis 1908 erbaute Leuchtturm sichert die Einfahrt in den Gezeitenstrom Hever, der nach Husum führt.

Far out: Warfts, or mounds on which buildings are erected, are required on the mainland too, for buildings like Westerhever lighthouse on the Eiderstedt peninsula, situated in the land in front of the dikes. This postcard motif from southern North Frisia is familiar throughout Germany from beer advertisements. The 40-metre-high lighthouse, built in 1906–1908, ensures safe entry into the tidal River Hever, which leads to Husum.

Très loin dehors: on a aussi besoin d'une Warft sur la terre ferme lorsqu'une construction – comme ici le phare de Westerhever sur la presqu'île d'Eiderstedt – est élevée en avant des digues. C'est un spot publicitaire pour une bière qui a fait connaître dans toute l'Allemagne ce motif de carte postale du sud de la Frise septentrionale. Ce phare haut de 40 mètres, construit entre 1906 et 1908, assure l'entrée dans le courant de marée Hever qui mène à Husum.

Mit 4,68 Hektar nennt die Stadt Heide den größten Marktplatz Deutschlands ihr eigen. Über Jahrhunderte versammelten sich auf dem Platz die Bauern aus Dithmarschen, um über die Geschicke ihrer Landschaft zu beraten. Denn im Gegensatz zum übrigen Schleswig-Holstein waren die wohlhabenden Bewohner der Marsch ihre eigenen Herren. Obwohl sie nur halb so viele Krieger hatten wie die Armee des dänischen Königs zählte, verteidigten sie ihre freie Bauernrepublik 1500 in der Schlacht von Hemmingstedt. Und auch nachdem sie knapp 59 Jahre später dann doch besiegt worden waren, vermochten sie sich eine weitreichende Autonomie zu sichern.
Das bis heute stabile Dithmarscher Selbstbewußtsein gilt zumindest als eine indirekte Folge des allenthalben glorifizierten Triumphes von Hemmingstedt. Dessen Erfolgsgeheimnis liegt darin, daß die Dithmarscher die Sieltore geöffnet und ihre Gegner mit dem Fluten des Schlachtfelds überrascht hatten. Bedenkt man, wie mühevoll dieser Menschenschlag seit mindestens 1200 der Nordsee Land abgetrotzt hatte, war das der höchste Preis, den die Dithmarscher zahlen konnten. Bis in die 1960er Jahre wurden wieder und wieder Lahnungen ins Watt gebaut. In denen verfingen sich Schwebstoffe des Meeres, ließen Salzwiesen entstehen und lohnten letzten Endes die Eindeichung. Die Landgewinnung hat den natürlichen Küstenverlauf also völlig überholt. Büsum etwa war zur Zeit der Schlacht von Hemmingstedt noch nicht mit dem Festland verbunden; die Landmasse, die sich heute vor Marne halbinselförmig in die Nordsee schiebt, ist erst in der Zeit von 1718 bis 1935 herangewachsen. An inzwischen funktionslosen Erdwällen im Landesinneren erkennt man die Küstenlinien von einst – es sind die früheren Außendeiche. Allenthalben steht auf Wegweisern und Ortsschildern das Wort Koog geschrieben: Das ist die Fläche, die jeweils auf einen Schlag eingedeicht wurde.

Daß dieser Marsch genannte Boden reichlich Nährstoffe bietet, beweist die alljährliche Erfolgsmeldung, daß Dithmarschen so viele Kohlköpfe erntet wie Deutschland Einwohner zählt: um die 80 Millionen. Diese Leistung erhebt die platte Westküsten-Region zum größten Kohlanbaugebiet Europas.
Ein ganz besonderer „Deich“ – aus Beton und mit Toren in der Mitte – erstreckt sich von Dithmarschen hinüber nach Nordfriesland: Das Eider-Sperrwerk riegelt die Mündung des längsten Flusses Schleswig-Holsteins ab. Bevor das Bauwerk 1973 errichtet wurde, hielten es viele für undenkbar, daß irgend etwas Verbindendes zwischen Dithmarschern und Nordfriesen möglich wäre – nachdem die Nachbarn fast tausend Jahre leidenschaftliche Rivalen waren und sich noch heute ob ihrer Vergangenheit necken. Doch der Klotz in der Eidermündung bringt tatsächlich beiden Vorteile: Er verhindert, daß Sturmfluten Wasser in den Flußlauf pressen und bis hinauf nach Rendsburg für Überschwemmungsgefahr sorgen.
Halbkreisförmig umschließt die Eider das nördliche Dithmarschen; gen Süden trennt seit 1894 der Nord-Ostsee-Kanal die Landschaft ab; im Westen grenzt sie an die Nordsee – einer Insel nicht unähnlich liegt Dithmarschen abgeschieden vom Rest der Welt. Diese geographische Besonderheit übertragen die Schleswig-Holsteiner auf die Mentalität der Dithmarscher, was diesen den Ruf beschert hat, noch dickköpfiger als die anderen Nordlichter zu sein. Doch die Menschen hinter den Deichen machen das Beste daraus und sind stolz auf ihr Image.
Im übrigen: Wirklich stehengeblieben ist die Zeit auch in den Kögen nicht. Dithmarschen besitzt ausgesprochen innovative Seiten. Zum Beispiel im Kaiser-Wilhelm-Koog bei Marne: Dort haben Unternehmen aus der Energie-Branche 1987 Deutschlands ersten Experimentierpark für Windkraftanlagen in Betrieb genommen. Kontinuierlich werden hier neue Prototypen auf ihre Praxistauglichkeit getestet. Die Magnetwirkung auf das Umland ließ nicht lange auf sich warten: An der schleswig-holsteini-

The town of Heide boasts Germany's largest market square. It measures 4.68 hectares. For centuries, Dithmarschen farmers gathered in the square to discuss the fate of their region. Unlike people in the rest of Schleswig-Holstein, the wealthy marshland folk were their own masters. Although they could muster only half as many warriors as the Danish king's army, they defended their free farmers' republic at the Battle of Hemmingstedt in 1500. Even when finally defeated 59 years later, they managed to secure a large degree of autonomy.
Dithmarschen self-awareness is seen as at least an indirect consequence of the victory of Hemmingstedt, which is glorified everywhere. The Dithmarschers won the battle by opening the sluice gates and flooding the battlefield, thereby surprising their opponents. That was the highest price a Dithmarscher could pay, given the laborious efforts that this race of people has made since at least 1200 to wrest land from the North Sea. Right up to the 1960s, they built dams of bushes, stakes and wire in the mudflats to trap floating mud particles. These evolved into salt meadows, until finally it was worth enclosing them with dikes. In this way, reclaimed land completely replaced the natural coastline. When the Battle of Hemmingstedt took place, for example, the town of Büsum, for example, was not linked to the mainland. The land mass that now juts like a peninsula into the North Sea off Marne came into being between 1718 and 1935. One can pick out the former coastline from seemingly superfluous embankments inland which were once the outer dikes. The word "koog" appears on signposts and place-name signs everywhere in the region. It means an area which was enclosed by dikes. Beneath the surface, this marshland holds a wealth of nutrients, as the annually published statistic that Dithmarschen harvests as many cabbages as Germany has inhabitants, around 80 million, goes to show. This achievement makes the flat west-coast region Europe's largest cabbage-growing area.
A very special "dike," made of concrete with gates in the middle, runs from Dithmarschen to North Frisia. This is the Eider barrier, which closes off the estuary of

Um die 80 Millionen Köpfe pro Jahr: Kohlernte in Dithmarschen

Around 80 million heads a year: cabbage harvest in Dithmarschen

Près de 80 millions de choux par an: la récolte des choux dans les Dithmarschen

Schleswig-Holstein's longest river. Before it was built in 1973, many people thought it inconceivable that anything could link Dithmarschen and North Frisia, given that these neighbouring regions were fierce rivals for nearly a thousand years, and still tease each other about the past. In fact, the monstrosity in the Eider estuary benefits both. It prevents storm tides from forcing water into the river course, and the danger of flooding as far as Rendsburg.

The Eider encloses north Dithmarschen in a semicircle. To the south, the Kiel Canal has cut off the countryside since 1894; to the west, it is bordered by the North Sea. In fact, Dithmarschen is cut off from the rest of the world, not unlike an island. Schleswig-Holsteiners transfer this geographical characteristic to the mental sphere, which has earned Dithmarschen people the reputation of being even more stubborn than other northerners. But the people who live behind the dikes make the most of it and are proud of their image.

Maritime Symbole im Doppelpack: Leuchtturm und Fischkutter in Büsum

Twin maritime symbols: lighthouse and fishing cutter at Büsum

Symboles maritimes par lot de deux: phare et bateau de pêche à Büsum

La place du Marché de la ville de Heide est, avec 4,68 hectares, la plus vaste d'Allemagne. Pendant des siècles, les paysans des Dithmarschen se rassemblaient sur cette place pour discuter des destinées de leur pays. Car, contrairement au reste du Schleswig-Holstein, les riches habitants de la Marsch étaient leurs propres maîtres. Bien qu'ils n'aient que moitié moins de guerriers que ceux que comptait l'armée du roi danois, ils défendirent la république libre des paysans dans la bataille d'Hemmingstedt en l'an 1500. Et même après qu'il eurent été vaincus malgré tout, presque 59 ans plus tard, ils furent à même de conserver leur autonomie dans bien des domaines.

Les habitants des Dithmarschen ont une grande confiance en eux-mêmes, ce qui est considéré comme étant bien, en tout cas, une conséquence indirecte de la victoire si souvent glorifiée d'Hemmingstedt. Les habitants des Dithmarschen avaient ouvert les portes des écluses et surpris leurs adversaires en inondant le champ de bataille: c'est là tout le secret de leur réussite. C'est là le prix le plus élevé qu'un habitant de cette contrée puisse payer – tels sont les efforts que cette race d'hommes a dû déployer dès l'an 1200 déjà pour conquérir des terres sur la mer du Nord. On n'a jamais cessé, jusque dans les années 1960, de construire des digues dans le Watt. Les matières en suspension s'y déposent formant des pré-salés et apportant ainsi la récompense de l'endiguement. La conquête des terres a donc entièrement modifié le tracé naturel de la côte. Büsum par exemple n'était pas reliée à la terre ferme du temps de la bataille d'Hemmingstedt; la masse de terre qui, devant Marne, s'avance aujourd'hui sous forme de péninsule dans la mer du Nord ne s'est constituée qu'entre 1718 et 1935. On reconnaît la ligne côtière de jadis aux remparts de terre apparemment dépourvus de fonctions situés à l'intérieur des terres, les anciennes digues extérieures.

On trouve en de nombreux endroits le mot Koog inscrit sur les panneaux indicateurs et ceux d'entrée d'agglomération: ce terme désigne une surface endiguée d'un seul tenant. Ce sol qui porte le nom de Marsch a, sous sa surface, nombre de substances nutritives ce que l'annonce annuelle du succès de ses choux vient confirmer puisque les Dithmarschen en produisent autant que l'Allemagne a d'habitants: près de 80 millions. Cette performance fait de ce plat pays de la côte ouest la principale région productrice de choux de l'Europe. Une «digue» toute particulière – en béton et avec d'immenses portes au milieu - va des Dithmarschen jusqu'à la Frise septentrionale: le barrage sur l'Eider (Eidersperrwerk) ferme l'embouchure du fleuve le plus long du Schleswig-Holstein. Avant la construction de ce barrage en 1973, nombre sont ceux qui considéraient comme impensable que soit établi un lien entre les habitants des Dithmarschen et les Frisons du Nord – après que ces voisins eurent été pendant près de 1000 ans des rivaux acharnés et qu'ils se taquinent encore aujourd'hui à cause de leur passé. Mais ce bloc de béton dans l'embouchure de l'Eider profite réellement aux deux: il empêche la mer de s'engouffrer dans le fleuve lors des raz de marée évitant ainsi que les terres soient inondées jusqu'à Rendsbourg. L'Eider contourne en demi-cercle la partie nord des Dithmarschen; au sud, le paysage est délimité depuis 1894 par le canal qui relie mer du Nord et mer Baltique; l'ouest s'arrête en bordure de la mer du Nord – les Dithmarschen sont à l'écart du monde et ils ressemblent en cela quelque peu à une île. Les habitants du Schleswig-Holstein sont influencés mentalement par cette particularité géographique d'où leur réputation d'être encore plus têtus que les autres habitants du nord de l'Allemagne. Ceux qui vivent derrière les digues en tirent cependant le meilleur et son fiers de leur réputation.

Au demeurant, même dans ces Kögen, le temps ne s'est pas vraiment arrêté. Les Dithmarschen peuvent se montrer très innovants. Par exemple à Kaiser-Wilhelm-Koog près de Marne: c'est là que des entreprises du secteur de l'énergie ont mis en place en 1987 le premier parc expérimental d'éoliennes d'Allemagne. C'est ici que les nouveaux prototypes sont régulièrement testés en pratique. Ceci fit très rapidement des émules dans la région: sur la côte ouest du Schleswig-Holstein, plus de 2 000 rotors contribuent depuis à la production d'électricité. Cela ne veut pas dire toutefois que les habitants de ce pays sont plus respectueux de l'environnement que la moyenne mais que la loi oblige l'industrie énergétique à acheter l'électricité produite par les éoliennes à des prix fantastiques. La politique a ainsi atteint son but, à savoir produire écologiquement 20% de l'énergie du Schleswig-Holstein. D'un autre côté, les machines de cette «Imprimerie nationale» ne cessent de tourner et sont si nombreuses que ceux qui apprécient les paysages naturels crient: «stop !».

Même si les forces de la nature et le dur travail des champs ont marqué l'image des

schen Westküste erzeugen inzwischen über 2000 Windrotoren Strom. Was allerdings nicht an einem überdurchschnittlichen Umweltbewußtsein der Menschen liegt, sondern daran, daß die Stromwirtschaft gesetzlich gezwungen ist, privaten Windenergie-Erzeugern ihr Produkt zu Traumpreisen abzukaufen. So hat die Politik zwar ihr Ziel erreicht, 20 Prozent des schleswig-holsteinischen Energieverbrauchs ökologisch zu erzeugen. Andererseits haben die ewig sich drehenden Gelddruck-Maschinen inzwischen eine Dichte angenommen, die nachhaltig das natürliche Landschaftsbild verschandelt.

Bei Sturmflut Schotten dicht: Das Eidersperrwerk verhindert Überschwemmungen der Flußufer dahinter.

Sealed tight during storm tides: the Eider barrage prevents the river banks behind from flooding.

Fermeture des cloisons étanches lors des marées de tempête: grâce au barrage sur l'Eider, les rives, derrière, ne sont plus inondées.

So sehr die Naturgewalten und die rauhe Feldarbeit das Profil Dithmarschens prägen, können seine Bewohner doch auch gefeierte Schöngeister vorweisen: Friedrich Hebbel aus Wesselburen, den größten Dramatiker, den Norddeutschland hervorgebracht hat, sowie Klaus Groth aus Heide, den „Goethe" der niederdeutschen Literatur. Heute dichtet Deutschlands bekannteste Lyrikerin Sarah Kirsch, zugezogen aus Berlin, hinter dem Eiderdeich in Tielenhemme.

Den Gegenpol zur Künstlerwerkstatt ganz im Norden bildet inhaltlich wie geographisch Brunsbüttel: Seitdem an der Einfahrt zum Nord-Ostsee-Kanal vor gut 30 Jahren der einzige Tiefseewasserhafen der Westküste entstand, haben sich hier Chemie-Giganten und andere Industrie niedergelassen. Untypisch für Dithmarschen zwar – aber hier beginnt ja schon die Elbmündung, wirft die Metropole Hamburg ihre Schatten voraus.

Anyway, even here time has not really stood still. Dithmarschen has some very innovative aspects, for example in Kaiser-Wilhelm-Koog near Marne, where energy companies in 1987 took Germany's first experimental wind farm into operation. New prototypes are continually tested here for their practical suitability. The wind farm was not long in exercising a magnetic attraction on the surrounding area: now, more than 2,000 wind rotors generate power along Schleswig-Holstein's west coast. Admittedly, this is not because people here are more environmentally conscious than average, but because power utilities are compelled by law to buy electricity from wind-power generators at fabulous prices. So although

politicians have achieved their goal of generating 20 per cent of Schleswig-Holstein's power consumption by environmentally friendly means, the eternally revolving money-making machines now dot the landscape so densely that people with a feeling for the countryside are calling for a halt. Much as natural forces and hard work in the fields shape Dithmarschen's profile, its inhabitants can also boast celebrated intellectuals – Friedrich Hebbel of Wesselburen, the greatest dramatist North Germany has ever produced, and Klaus Groth from Heide, the "Goethe" of Low German literature. Now, Germany's best-known poetess, Sarah Kirsch, writes behind the Eider dike in Tielenhemme, having moved there from Berlin.
Brunsbüttel at the entrance to the Kiel Canal is the opposite pole to the artists' workshop to the north, both geographically and physically. The only dock for oceangoing ships was built there just over 30 years ago, since when chemicals giants and other industrial undertakings have established themselves in the town. That is untypical of Dithmarschen, but after all this is the start of the Elbe estuary, where the city of Hamburg casts its shadow.

Helfen den Schiffen über den unterschiedlichen Wasserpegel von Nordsee und Nord-Ostsee-Kanal: Schleusen in Brunsbüttel.

They help ships negotiate the differing water levels of North Sea and Kiel Canal: locks in Brunsbüttel.

Elles aident les bateaux à surmonter les niveaux d'eaux différents de la mer du Nord et du canal de Kiel: les écluses à Brunsbüttel.

Dithmarschen, ses habitants ont vu naître aussi parmi eux de grands esprits très renommés: Friedrich Hebbel, originaire de Wesselburen, le plus grand auteur dramatique de l'Allemagne du Nord ainsi que Klaus Groth, né à Heide, le «Goethe» de la littérature bas-allemande. Aujourd'hui, c'est Sarah Kirsch, poète lyrique la plus connue de l'Allemagne, qui est venue de Berlin s'installer à Tielenhemme, derrière la digue sur l'Eider.
A ce vivier d'artistes situé tout au Nord s'oppose, tout aussi bien géographiquement que de par son contenu, la ville de Brunsbüttel: c'est là que ce sont installés, depuis la création à l'entrée du canal de Kiel voici plus de 30 ans du seul port en eau profonde de la côte ouest, des géants de la chimie et autres industries. Ce n'est certes pas typique des Dithmarschen mais ici – là où commence déjà l'estuaire de l'Elbe – on sent déjà la présence de la grande métropole qu'est Hambourg.

Auslaufen zum nächsten Fang: Ein Krabbenkutter verläßt Friedrichskoog.

Sailing in search of the next catch: a shrimp cutter leaves Friedrichskoog.

Repartir en mer pour la pêche à la crevette: un bateau quitte Friedrichskoog.

Neuland: Vor dem Deich in Dithmarschen hat der Mensch dem Meer ein weiteres Areal abgetrotzt. Die Lahnungen, in denen sich der erste Schlick zur Landgewinnung verfangen hat, sind längst nicht mehr zu sehen. Was die Wiesen netzartig durchzieht, sind Entwässerungsgräben. Sie tragen dazu bei, daß das Neuland nach und nach trockener und damit fester wird. Was optisch unspektakulär daherkommt, ist für Biologen ein Paradies: Salzwiesen wie diese besitzen eine einzigartige Vielfalt an Pflanzen und Tieren.

New land: In front of the dike in Dithmarschen, man has wrested more terrain from the sea. The enclosures in which the first wet mud for land reclamation was trapped have long disappeared from view. The lines that criss-cross the meadows like a net are drainage ditches. They help to make the new land becomes drier and drier, and thus firmer. This landscape may look unspectacular, but it is a paradise for biologists. Salt meadows like this have a unique diversity of fauna and flora.

Terres nouvelles: c'est en avant de la digue, dans les Dithmarschen, que l'homme a arraché à la mer de nouveaux terrains. Cela fait longtemps déjà que l'on ne reconnaît plus les endiguements qui, en retenant les premiers limons, ont servi à la conquêtes des terres. Ce qui quadrille les prairies, ce sont les fossés de drainage. Ils contribuent à assécher peu à peu les terres conquises et à les rendre plus solides. Ce qui, vu de l'extérieur, n'a rien de spectaculaire, est pour les biologistes un paradis: des prés-salés comme ceux-ci renferment une faune et une flore d'une diversité exceptionnelle.

SC 5

Warten auf den nächsten Törn: Fisch- und Krabbenkutter im Hafen von Büsum in Dithmarschen. Kehren die Boote mit ihrem Fang zurück, war das für einen Großteil der „Beute" erst der kleinere Teil der Reise: Die meisten Krabben werden zum Pulen nach Polen oder Marokko verfrachtet, bevor sie zum Verkauf teilweise wieder nach Schleswig-Holstein zurückkommen. Das Trennen von Fleisch und Schale erfordert nämlich viel Arbeitszeit, und die ist im Ausland billiger. Krabbenpulmaschinen befinden sich in der Entwicklung, doch auf ihren Durchbruch warten sie noch.

Waiting for the next trip: Fishing cutters and shrimp boats in the harbour at Büsum, Dithmarschen. When the boats return with their catch, a large proportion of their "booty" still has most of its journey ahead of it. Most shrimps are sent to Poland or Morocco for peeling before returning to markets in Schleswig-Holstein and other parts of Germany. Separating the shell from the flesh is a labour-intensive activity, and labour costs less abroad. Shrimp-peeling machines are being developed, but have yet to make a breakthrough.

En attendant la prochaine sortie en mer: bateaux de pêche et crevettiers dans le port de Büsum dans les Dithmarschen. La pêche même une fois ramenée au port, va devoir pour une grande part continuer son voyage: la plupart des crevettes sont expédiées en Pologne ou au Maroc pour être décortiquées avant d'être en partie ramenées dans le Schleswig-Holstein pour être vendues. Eplucher des crevettes demande en effet beaucoup de travail et le coût en est moins élevé à l'étranger. Les machines à décortiquer les crevettes sont à l'étude mais elles n'ont pas encore pu percer sur le marché.

Immer in Bewegung: Windkraftanlagen finden an der schleswig-holsteinischen Westküste reichlich Antrieb. Seit dem Ende der 1980er Jahre sind die Rotoren wie Pilze aus dem Boden geschossen. Über 2000 solcher Anlagen drehen sich in Schleswig-Holstein. So deckt das nördlichste Bundesland über 20 Prozent seines Energiebedarfs. Der Freude über die umweltfreundliche Stromerzeugung stehen allerdings auch Nachteile gegenüber: Der weite Horizont wird verbaut, und das Dauer-Drehen nimmt dem Landschaftsbild die Ruhe.

Perpetual motion: Wind rotors have plenty to drive them on the west coast of Schleswig-Holstein. Rotors like these have sprung up like mushrooms since the late 1980s. Schleswig-Holstein now has more than 2,000 wind farms, supplying more than 20 per cent of the state's energy requirements. Pleasure in this environmentally friendly method of generating electricity is offset by some disadvantages, however. Rotor constructions interrupt the broad horizon, and their constant turning spoils the quiet of the countryside.

Sans cesse en mouvement: les éoliennes ont sur la côte ouest du Schleswig-Holstein vraiment de quoi tourner. Les rotors ont poussé comme des champignons depuis la fin des années 1980. Plus de 2000 roues éoliennes tournent dans le Schleswig-Holstein. Le land le plus au nord de l'Allemagne couvre ainsi 20 pour cent de ses besoins en énergie. Malgré le plaisir qu'il y a à avoir une production énergétique respectueuse de l'environnement, il ne faut pas toutefois en oublier les inconvénients: les éoliennes masquent l'immensité de l'horizon et les roues qui tournent sans cesse privent le pays de son calme.

Die Süddeutschen mögen belächeln, wie flach Schleswig-Holstein ist – in der Wilstermarsch westlich von Itzehoe machen die Nordlichter aus der Not eine Tugend: Sie preisen ihr niedriges Niveau. „Tiefste Landstelle der BR Deutschland" verkündet stolz die Inschrift einer Tafel auf einem Holzpfahl in Hinterneuendorf. Und ein weißer Strich auf dieser Triumph-Säule des Understatements überrascht mit der Angabe, daß der Besucher 3,75 Meter unter dem Meeresspiegel steht. Daß das trockenen Fußes möglich ist, liegt an der Entstehungsgeschichte dieser Landschaft auf dem Nordufer der Elbmündung: Nach ungezählten Überschwemmungen hatte der Strom hier so viel Sand und Schlick abgelagert, daß sich dessen Erdreich zu einer Höhe über Normalnull stapelte und dessen Eindeichung neues Acker- und Weideland schuf. Der frische Marschboden war zunächst noch naß wie ein Schwamm – weshalb Schöpfmühlen die überschüssige Feuchtigkeit in die Elbe entwässerten. Da trockene Erde weniger Volumen hat als feuchte, sackte die Oberfläche schließlich ein – damit war der zum touristischen Höhepunkt gestempelte Tiefpunkt erreicht.
Besucher von auswärts fühlen sich so weit unter Meereshöhe vielleicht schon halb auf Atlantis – die offiziellen Stellen machen sich überhaupt keine Sorgen um die Sturmflutsicherheit der Wilstermarsch. Sonst hätte sich niemand getraut, ein Kernkraftwerk ausgerechnet in Brokdorf zu plazieren.
Den Fremdkörper in der Landschaft hat schnell vergessen, wer seine Augen vom Brokdorfer Elbdeich gen Süden richtet: Stromaufwärts lassen sich in nur acht Kilometer Entfernung die Dächer eines ausgesprochenen Kleinods erkennen: Dort liegt das Stadtdenkmal Glückstadt und bezeugt, daß die tiefe Lage der Elbmarsch kein Hindernis für hochfliegende Pläne war: Als der dänische König Christian IV. die Region regierte, ließ er die Hafenstadt um 1616 vom Reißbrett errichten, um dem politisch mißliebigen Hamburg das Wasser abzugraben. Sollten der Seehandel und entsprechende Zolleinnahmen doch lieber hier draußen,

Southern Germans may laugh at Schleswig-Holstein's flatness, but northerners in the Wilstermarsch area west of Itzehoe make a virtue of necessity, and laud their low level. "Lowest point in the Federal Republic of Germany," the inscription on a board fixed to a wooden stake in Hinterneuendorf proudly proclaims. A white line on this triumphal pillar indicates the surprising fact that the visitor is standing 3.75 metres below sea level. That this is possible with dry feet is due to the history of how this

Verkehrsader für den Welthafen Hamburg: Unterelbe mit Containerschiff

Transport artery for the international port of Hamburg: the lower Elbe with a container vessel

Voie de transport pour le port international de Hambourg: l'Elbe avec porte-conteneurs

landscape on the north bank of the Elbe estuary came into being. After innumerable floods the river had deposited so much sand and mud there that the soil piled up above national datum level and was worth enclosing with dikes. Initially, the fresh marshland was wet as a sponge and drainage mills were used to drain the surplus water into the Elbe. But dry earth takes up less space than sludge, so the surface finally caved in, creating the low spot that has been turned into a tourist high spot.

So far below sea level, visitors from elsewhere half feel as if they were on Atlantis. Officialdom has no worries about the Wilstermarsch's storm-tide defences, as a chimneyed white dome in Brokdorf proves. If it had, nobody would have ventured to locate a nuclear power station here of all places.

Looking south from the Elbe dike at Brokdorf, one soon forgets this foreign body in the landscape. Just eight kilometres up river,

Les Allemands du Sud peuvent bien se moquer un peu de la platitude du Schleswig-Holstein – dans la Wilstermarsch, à l'ouest d'Itzehoe, les habitants du Nord font de nécessité vertu: ils font l'éloge de leur bas niveau. «Endroit le plus bas de la République Fédérale d'Allemagne», annonce fièrement à Hinterneuendorf l'inscription faite sur une pancarte accrochée à un poteau. Et le trait blanc sur cette colonne triomphale étonne le visiteur lorsqu'il apprend qu'il se trouve à 3,75 mètres au dessous du niveau de la mer. Que cela soit possible en gardant les pieds au sec est dû à l'histoire des origines de ce paysage situé sur la rive nord de l'estuaire de l'Elbe: le fleuve avait déposé ici, suite à maintes inondations, tant de sable et de vase que la terre s'est amoncelée pour atteindre un niveau dépassant le niveau de la mer et que l'endiguement avait donc sa raison d'être. Le nouveau sol de la Marsch était au départ encore mouillé comme une éponge – ce pourquoi des roues à godets drainaient le trop-plein d'eau dans l'Elbe. Etant donné que la terre sèche a un volume plus réduit que la boue, la surface s'est finalement affaissée et c'est ainsi que fut atteint le point le plus bas qualifié à des fins touristiques de point culminant.

Les visiteurs venus de l'extérieur ont peut-être déjà le sentiment d'être à mi-chemin vers l'Atlantide tellement ils sont loin en dessous du niveau de la mer; l'administration quant à elle ne se fait absolument aucun souci en ce qui concerne la sécurité de la Wilstermarsch en cas de raz de marée com-

Geschwungen durch die grüne Tiefebene: die Stör im Kreis Steinburg

Winding through the green lowland plain: the Stör River in Steinburg county

Elle ondule à travers la Plaine basse verdoyante: la Stör dans le canton de Steinbourg.

dichter am Meer, blühen. Obwohl der Monarch seiner Gründung die Glücksgöttin Fortuna als Schutzpatronin zur Seite stellte, gingen die Karriere-Pläne nie so ganz auf. Unter den nachfolgenden Königen genoß Glückstadt nicht die gleichen Privilegien. Das konnte der sternförmigen Stadtanlage von ihrem königlichen Charakter aber nichts mehr rauben, und so ist Glückstadt heute einer der stärksten Magneten für Tagestouristen in Schleswig-Holstein.
Daß der Erhalt des historischen Stadtbilds alles andere als selbstverständlich ist, verdeutlicht der Vergleich mit dem Nachbarn Itzehoe. Diese viel ältere Stadt an der Stör war anders als Glückstadt mit seinem Sonder-Status nicht als Festung ausgebaut, und daher konnten Wallensteins Truppen sie im Dreißigjährigen Krieg verhältnismäßig leicht verwüsten. So tritt Itzehoes Alter im Stadtbild nicht gebührend in Erscheinung. Aber wenigstens ist die Stadt im Zusammenhang mit dem Dreißigjährigen Krieg in der deutschen Klassik erwähnt – wenn auch mit falsch vorgegebener Aussprache. Schiller reimte in seinem Drama „Wallensteins Lager“: „Und ist er wohl gar Mußjöh/der lange Peter aus Itzehoe?“Die Endsilbe wird aber nicht wie ein „ö“, sondern schlicht als langes „o“ gesprochen.
Tatsächlich mit Umlaut, also „ü“, spricht sich hingegen Uetersen am Rande der südlichen Elbmarsch. Die kleine Stadt hat in der Welt der Botanik eine ganz große Rolle inne: Sie ist Mittelpunkt des weiträumigsten zusammenhängenden Baumschul- und Rosenzuchtgebiets der Erde. Um die 450 Betriebe bündelt die Branche hier auf optimaler Bodenqualität. Allein 20 Millionen Rosen exportiert Uetersen Jahr für Jahr in alle Welt.
Den Südpol des schleswig-holsteinischen Westens bildet Wedel – eine eigenständige Stadt, doch mit Hamburg derart zusammengewachsen, daß sich die Verwaltungsgrenze dazwischen ohne Ortsschild nicht mehr erkennen ließe. Während Wedel heute ganz auf die Millionenmetropole an seiner Seite fixiert ist, verlief der Blickwinkel jahrhundertelang in Nord-Süd-Richtung an Hamburg vorbei: Vom 15. bis 18. Jahrhundert war der Elbort Endpunkt des Ochsenwegs, der einstigen Magistrale durch Schleswig-Holstein und Jütland. Auf dieser neuerdings touristisch vermarkteten „Fern-Straße“ trieben die Urahnen der Cowboys ihre Herden zum Verkauf in die bevölkerungsreichen Gebiete am Rhein, und mit diesem Ziel vor Augen bot sich Wedel als Fährhafen zum Überqueren der Elbe an. Als Gegenpol zur Agrar- bietet die Stadt Hochkultur von Weltrang: Das Ernst-Barlach-Museum erinnert im Geburtshaus des Bildhauers und Dichters an sein Leben und Werk.

Preist sich zu Recht als „Stadtdenkmal“: Glückstadt, hier der Markt

Glückstadt rightly boasts of being a “town monument,” as this view of the market square shows.

Elle se vante à juste titre d'être une «ville musée»: Glückstadt, ici la place du marché.

one can pick out the roofs of a definite treasure, the historic town of Glückstadt. This monument of a town proves that the Elbe marsh's low level is no impediment to high-flying projects. When King Christian IV of Denmark ruled the region, he had the port town built off the drawing board in 1616 so as to take the wind out of the sails of the politically unpopular Hamburgers. His plan was for sea trade to thrive and to earn the corresponding customs duty. Although the king named the town he founded after Fortuna (“Glück” in German), the goddess of good fortune, his plans for the town did not quite work out. Under his successors, Glückstadt did not enjoy the same privileges. However, that could not detract from the royal character of the star-shaped town layout, so nowadays Glückstadt is one of the foremost attractions for day-trippers in Schleswig-Holstein. That the preservation of a historic townscape cannot be taken for granted is obvious when one compares it with neighbouring Itzehoe. Unlike Glückstadt with its special status, this much older town on the River Stör was not fortified, so in the Thirty Years War Wallenstein's troops found it relatively easy to lay it to waste. As a result, Itzehoe's age is not fittingly reflected in its townscape. But at least the town has gone down in Germany history in connection with the Thirty Years War, albeit wrongly pronounced. In his play “Wallensteins Lager” (Wallenstein's Camp), Friedrich Schiller wrote “Und ist er wohl Mussjöh/der lange Peter aus Itzehoe?” (And would this be Mussjöh/The tall Peter from Itzehoe?). In fact, however, the last syllable is pronounced like a long “o” and does not rhyme with the German “ö” sound.
In contrast, Uetersen on the edge of the southern Elbmarsch is pronounced with an umlaut, like the German “ü.” This small town plays a major role in the botanical world, being the centre of the world's largest contiguous tree nursery and rose-growing area. The industry has assembled around 450 businesses here on top-quality soil. Every year, Uetersen exports 20 million roses alone all over the world. At the southern tip of western Schleswig-Holstein is Wedel, an independent town that has, however, merged into Hamburg to such an extent that without a place-name sign you would not be able to recognise the administrative boundary between the two. Though Wedel now has its sights fixed ent-

irely on the adjacent metropolis, for centuries its angle of view ran in a north-south direction, bypassing Hamburg. From the 15th to the 18th century the town on the Elbe was the terminus of the Ochsenweg, or Oxen Way, formerly a main route through Schleswig-Holstein and Jutland. The oldest known ancestors of present-day cowboys drove their cattle along this "trunk road," which has recently begun to be marketed as a tourist attraction, to sell them in the populous areas along the Rhine. With this goal in mind, Wedel suggested itself as a ferry port for crossing the Elbe. As a counterweight to agriculture, the town offers world-ranking culture: the Ernst Barlach Museum in the house where the sculptor and writer Ernst Barlach was born is dedicated to the memory of his life and work.

Rosarium in Uetersen: In über 800 verschiedenen Sorten ist die Königin der Blumen hier zu erleben.

The rosarium in Uetersen: more than 800 different kinds of the queen of flowers can be experienced here.

Roses à Uetersen: la reine des fleurs se présente ici dans plus de 800 variétés.

me en témoigne à Brockdorf une coupole blanche flanquée d'une cheminée: sinon, personne n'aurait osé choisir justement cet endroit pour y installer une centrale nucléaire.
Lorsque le regard, de la digue du bord de l'Elbe à Brockdorf se tourne vers le sud, cette construction qui détonne dans le paysage est vite oubliée: on peut reconnaître, à huit kilomètres seulement vers l'amont, les toits d'un véritable joyau: c'est là que se trouve la ville ancienne de Glückstadt, une preuve que la position basse de la Marsch de l'Elbe n'empêchait en rien d'avoir des projets ambitieux. C'est le roi du Danemark Christian IV qui au cours de son règne fit ériger vers 1616 cette ville portuaire pour faire pièce à Hambourg qui, politiquement, n'était pas appréciée. Mieux valait faire fleurir ici le commerce maritime avec ses rentrées de frais de douane. Bien que le monarque ait placé sa fondation sous la protection de la déesse de la chance Fortuna, ses projets de carrière ne se sont cependant jamais vraiment réalisés. Sous les règnes des rois suivants, Glückstadt ne put jouir des mêmes privilèges. Mais cela ne pouvait plus enlever à cette ville construite en forme d'étoile son apparence princière et c'est ainsi que Glückstadt est de nos jours l'une des plus grandes attractions touristiques du Schleswig-Holstein, une ville où les visiteurs aiment à passer la journée. Conserver l'image historique de la ville ne va pas toujours de soi comme le montre bien la comparaison avec la ville voisine d'Itzehoe. Cette ville beaucoup plus ancienne située en bordure de la Stör n'a pas été fortifiée – contrairement à Gluckstadt dont le statut était particulier – et c'est pour cela que les troupes de Wallenstein n'eurent pas grand mal à la dévaster pendant la guerre deTrente Ans. Mais cette ville a au moins l'avantage d'être citée dans la littérature classique allemande en liaison avec la guerre de Trente Ans – bien que sur la base d'une prononciation erronée. Schiller croyait faire une rime lorsqu'il écrivait dans son drame «le Camp de Wallenstein»: «Und ist er wohl gar Mußjöh/der lange Peter aus Itzehoe?» alors que la syllabe finale d'Itzehoe ne se prononce pas comme un «ö» (eu) mais tout simplement comme un «o» long.
Uetersen par contre, ville située à l'extrémité sud de l'Elbmarsch, se prononce effectivement avec un «ü». Cette petite ville occupe une place très importante dans le monde de la botanique: elle est au centre de la plus vaste étendue du monde occupée d'un seul tenant par des pépinières et par la culture des roses. Ce secteur d'activités regroupe ici 450 entreprises sur un sol d'une qualité optimale. Ce sont 20 millions de roses qu'Uetersen exporte chaque année dans le monde entier.

A l'extrémité sud de la partie ouest du Schleswig-Holstein se trouve Wedel – une ville indépendante mais cependant si étroitement liée à Hambourg que l'on ne pourrait plus reconnaître les frontières administratives s'il n'y avait pas de panneau indicateur. Alors que Wedel se focalise aujourd'hui sur cette grande métropole voisine qui compte plus d'un million d'habitants, son regard a suivi pendant des siècles une route nord-sud passant à côté de Hambourg: cette cité des bords de l'Elbe représentait du 15e au 18e siècle le point final de l'Ochsenweg (le chemin des bœufs), l'ancienne ligne magistrale qui traversait le Schleswig-Holstein et le Jylland. C'est sur ce «grand axe routier» exploité récemment par le tourisme que les ancêtres des cow-boys poussaient leurs troupeaux pour les vendre dans les régions plus peuplées des bords du Rhin; Wedel était alors, vue dans cette optique, un lieu idéal pour traverser l'Elbe en bac. Cette ville est, en opposition avec sa tradition agricole, une ville de culture de réputation mondiale: le musée Ernst Barlach situé dans sa maison natale retrace la vie et l'œuvre de ce sculpteur et poète.

Wächter über Recht und Ordnung auf dem einstigen Ochsenmarkt: Roland-Figur von 1558 in Wedel

He watched over law and order on the erstwhile ox market: this Roland statue in Wedel dates back to 1558.

Gardien de l'ordre et du droit sur l'ancienne place du marché aux bœufs: la statue de Roland de 1558 à Wedel

Auch Flüsse gibt es im Land zwischen den Meeren: Wegen der Schmalheit Schleswig-Holsteins sind sie allerdings von beschaulichen Dimensionen. So zählt die Stör mit ihren 88 Kilometern schon zu den größten „Strömen“, und hier hat sie beinahe die Breite ihrer Mündung in die Elbe erreicht. Unweit von dieser Partie im südwestlichen Landkreis Steinburg liegt Deutschlands tiefste Landstelle: 3,75 Meter unter Normalnull. Da bedarf es eines Deichs, damit Menschen und Tiere trockene Füße behalten.

As well as two seas Schleswig-Holstein has rivers, albeit of modest dimensions on account of the state's narrowness. The 88-kilometre-long Stör, for example, is one of the largest. In the picture, it has almost reached the width at which it flows into the Elbe. Not far from this spot in the county of Steinburg in southwest Schleswig-Holstein is Germany's lowest point, 3.75 metres below sea level. A dike has to ensure that humans and animals keep their feet dry.

Les fleuves existent aussi dans ce pays entre les mers: mais ils sont toutefois, vu l'étroitesse du Schleswig-Holstein, de dimensions très sages. C'est ainsi que la Stör compte déjà avec ses 88 kilomètres parmi les «fleuves» les plus grands et il est ici déjà presque aussi large que lorsqu'il se jette dans l'Elbe. Non loin de là, dans le sud-ouest du canton de Steinbourg, se trouve le point le plus bas de l'Allemagne: 3,75 mètres en dessous du niveau de la mer. Une digue est là indispensable pour qu' hommes et bêtes gardent les pieds au sec.

GLÜCKSTADT

Gedacht als Konkurrenz für Hamburg: Glückstadt an der Unterelbe. Der dänische König Christian IV. gründete die Hafenstadt 1616, um der nahen Metropole das Wasser abzugraben. Den Seehandel und die damit verbundenen Zölle wollte der Monarch lieber vor die Tore der selbständigen Stadt locken, wo er als damaliger Landesherr selbst abkassieren konnte. Die Pläne sind nie aufgegangen – jedoch hat der König der Nachwelt mit der sternförmig angelegten Reißbrett-Stadt ein architektonisches Juwel seiner Zeit hinterlassen. Glückstadt zählt zu den First-Class-Sehenswürdigkeiten Schleswig-Holsteins.

Designed as a rival to Hamburg: Glückstadt on the Lower Elbe. King Christian IV of Denmark founded this port town in 1616 to take the wind out of the sails of the nearby metropolis. The monarch was keen to lure sea trade and the associated tolls and tariffs to the gates of the independent town, where as the ruler of the day he could pocket them himself. His plans never worked out. Nonetheless, with this star-shaped purpose-built town the king left an architectural jewel of his time for posterity. Glückstadt is one of Schleswig-Holstein's major attractions.

Elle devait faire concurrence à Hambourg: Glückstadt sur les bords de la Basse Elbe. Le roi danois Christian IV fondit en 1616 cette ville portuaire pour anéantir la métropole voisine. Le monarque préférait attirer devant les portes de cette métropole indépendante le commerce maritime et les droits de douane qui en découlent pouvant ainsi mieux encaisser en sa qualité de souverain. Ces projets ne se sont jamais réalisés – mais le roi a cependant laissé aux générations futures une ville construite en forme d'étoile, un véritable joyau de l'architecture de l'époque. Glückstadt compte parmi les curiosités de tout premier ordre du Schleswig-Holstein.

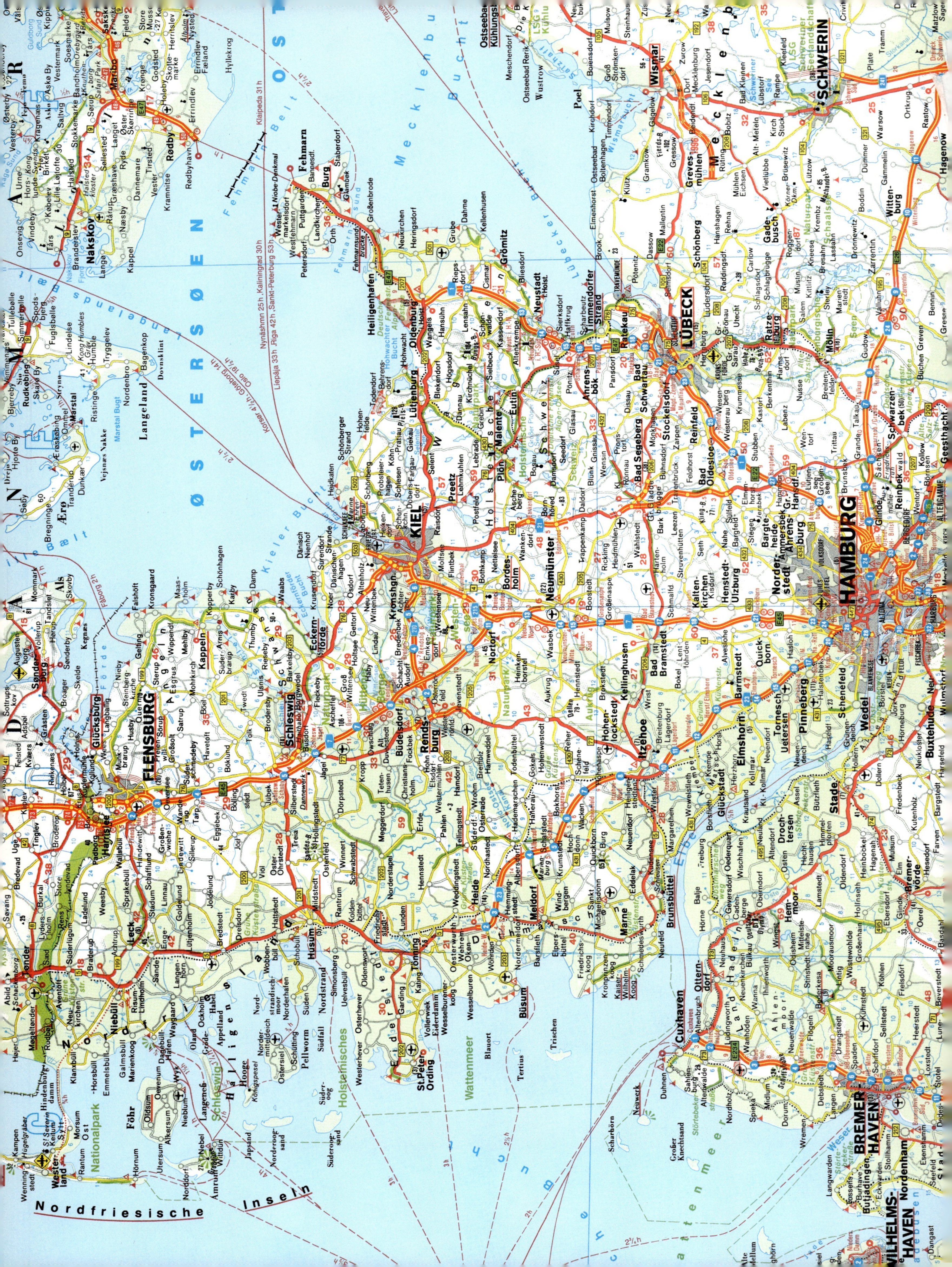

D A N E M A R K

Nordfriesische Inseln

Nationalpark

Halligen

Holsteinisches Wattenmeer

ØSTERSØEN

Kieler Bucht

Fehmarn Belt

Fehmarnsund

Mecklenburger Bucht

Lübecker Bucht

Langelands Bælt

Marstal Bugt

Förde

Elbe

Nynäshmn 25 h, Kaliningrad 30 h

Liepāja 33 h, Rīga 42 h, Sankt-Peterburg 53 h

Klaipeda 31 h

Korsør 4 1/2 h, Göteborg 14 h, Oslo 19 1/2 h

Fåborg 2 h

Kampen, Wenningstedt, Westerland, Rantum, Morsum, Keitum, Hindenburgdamm, Sylt, Hörnum

Høyer, Møgeltønder, Tønder, Rudbøl, Aventoft, Neukirchen, Klanxbüll, Horsbüll, Emmelsbüll, Niebüll, Süderlügum, Braderup, Ladelund, Leck, Achtrup, Sprakebüll, Stadum, Schafflund, Wallsbüll, Handewitt, Harrislee, Padborg, Kruså, Tinglev, Bredevad, Burkal, Lydersholm, Ravsted, Uge

Galmsbüll, Marienkoog, Dagebüll, Risum-Lindholm, Enge-Sande, Langenhorn, Ockholm, Bredstedt, Joldelund, Drelsdorf, Viöl, Hattstedt, Ostenfeld, Mildstedt, Husum, Schobüll, Simonsberg, Uelvesbüll, Nordstrand, Südfall, Süderoog, Pellworm, Hooge, Langeneß, Nordmarsch, Oland, Gröde, Habel, Appelland, Amrum, Nebel, Wittdün, Norddorf, Föhr, Wyk, Nieblum, Oldsum, Oevenum, Alkersum, Utersum, Südfall

Westerhever, Osterhever, Tetenbüll, Garding, Kating, Tönning, St.Peter Ording, Vollerwiek, Eiderstedt, Friedrichstadt, Koldenbüttel, Lunden, Wesselburen, Wesselburenerkoog, Oesterwurth, Wehren, Heide, Hemmingstedt, Albersdorf, Meldorf, Nordermeldorf, Büsum, Tertius, Blauort, Trischen, Wöhrden, Weddingstedt, Tellingstedt, Süderdorf, Hennstedt, Pahlen, Erfde, Christiansholm, Hohn, Elsdorf-Westermühlen

Barsfleth, Elpersbüttel, Windbergen, Friedrichskoog, Kronprinzenkoog, Kaiser-Wilhelm-Koog, Marne, Sankt Michaelisdonn, Eddelak, Burg, Quickborn, Hochdonn, Schafstedt, Wacken, Hohenlockstedt, Kellinghusen, Itzehoe, Wrist, Brokstedt, Heiligenstedten, Wilster, Kudensee, Brunsbüttel, Neufeld, Schmedeswurth, Wewelsfleth, Glückstadt, Krempe, Horst, Kollmar, Elmshorn, Barmstedt, Uetersen, Tornesch, Pinneberg, Halstenbek, Wedel, Schenefeld, Quickborn, Henstedt-Ulzburg, Kaltenkirchen, Bad Bramstedt, Alveslohe

FLENSBURG, Glücksburg, Langballig, Munkbrarup, Husby, Quern, Steinbergkirche, Nieby, Gelting, Falshöft, Kronsgaard, Sörup, Satrup, Großsolt, Oeversee, Wanderup, Tarp, Jörl, Süderschmedeby, Eggebek, Havetoft, Mohrkirch, Kappeln, Maasholm, Arnis, Süderbrarup, Böklund, Tolk, Twedt, Brodersby, Thumby, Damp, Karby, Kopperby, Schönhagen, Angeln, Schwansen

Schleswig, Busdorf, Jagel, Kropp, Dannewerk, Silberstedt, Treia, Hollingstedt, Fleckeby, Rieseby, Barkelsby, Waabs, Eckernförde, Gettorf, Dänischenhagen, Strande, Surendorf, Krusendorf, Dänisch Nienhof, Osdorf, Altenholz, Neuwittenbek, Hüttener Berge, Owschlag, Groß Wittensee, Haby, Lindau, Holtsee

KIEL, Kronshagen, Achterwehr, Schacht-Audorf, Bredenbek, Rendsburg, Büdelsdorf, Osterrönfeld, Westerrönfeld, Jevenstedt, Fockbek, Nortorf, Westensee, Mielkendorf, Molfsee, Flintbek, Bordesholm, Bothkamp, Nettelsee, Raisdorf, Preetz, Schönkirchen, Heikendorf, Laboe, Schönberg, Probsteierhagen, Schlesen, Selent, Lütjenburg, Hohwacht, Kühlungsborn

Neumünster, Boostedt, Wasbek, Aukrug, Hohenwestedt, Todenbüttel, Hanerau-Hademarschen, Wankendorf, Plön, Malente, Eutin, Bosau, Ascheberg, Holsteinische Schweiz, Dannau, Kirchnüchel, Lensahn, Oldenburg, Heiligenhafen, Großenbrode, Neukirchen, Heringsdorf, Cismar, Grömitz, Dahme, Grube, Riepsdorf, Kellenhusen, Neustadt, Sierksdorf, Haffkrug, Scharbeutz, Timmendorfer Strand, Ratekau, Bad Schwartau, Pönitz, Süsel, Ahrensbök, Gnissau, Blunk, Trappenkamp, Daldorf, Rickling, Wensin, Bad Segeberg, Wahlstedt, Todesfelde, Stockelsdorf, Reinfeld, Zarpen, Bad Oldesloe, Leezen, Seth, Sülfeld, Nahe, Elmenhorst, Bargteheide, Ahrensburg, Norderstedt, Großhansdorf, Trittau, Lütjensee

Fehmarn, Burg, Petersdorf, Landkirchen, Puttgarden, Orth, Staberdorf, Bannesdorf, Niobe-Denkmal, Westermarkelsdorf

LÜBECK, Travemünde, Lüdersdorf, Herrnburg, Groß Grönau, Krummesse, Berkenthin, Ratzeburg, Mölln, Breitenfelde, Büchen, Gudow, Zarrentin, Schwarzenbek, Reinbek, Glinde, Geesthacht, Wentorf, Bergedorf, Kollow, Brunstorf

HAMBURG, Altona, Blankenese, Harburg, Finkenwerder, Volksdorf, Fuhlsbüttel, Altengamme

Buxtehude, Stade, Jork, Horneburg, Harsefeld, Fredenbeck, Himmelpforten, Drochtersen, Hemmoor, Oberndorf, Wingst, Otterndorf, Cuxhaven, Altenbruch, Altenwalde, Sahlenburg, Nordholz, Neuenkirchen, Bremervörde, Oldendorf, Beverstedt, Loxstedt, BREMERHAVEN, WILHELMSHAVEN, Nordenham, Butjadingen, Stollhamm, Langen, Dorum, Wremen, Spieka, Midlum, Neuwerk, Scharhörn

Schönberg, Dassow, Klütz, Grevesmühlen, Wismar, Poel, Gadebusch, Rehna, Carlow, Wittenburg, Hagenow, SCHWERIN, Crivitz, Kirch Stück, Lübstorf, Dorf Mecklenburg, Boltenhagen, Kirchdorf, Rerik, Wustrow, Meschendorf, Ostseebad Kühlungsborn

Nakskov, Maribo, Rødby, Rødbyhavn, Sakskøbing, Holeby, Errindlev, Lolland, Langeland, Rudkøbing, Marstal, Ærø, Ærøskøbing, Søby, Als, Sønderborg, Augustenborg, Nordborg, Gråsten, Aabenraa, Padborg